重庆市普通高中教育教学改革研究课题成果

《农村普通高中研究性学习的实践模式研究》（课题编号：2016cqjwgz2024）

《校本研修促进农村教师专业化发展策略研究》（课题编号：2017cqjwgz2029）

自古圣贤之言学，咸以躬身实践为先，识见言论次之。

——林希元

纸上得来终觉浅
绝知此事要躬行

乡村学校综合实践活动课程
实施范例

主 编　　王泽安　吕文韬　王天会

北京燕山出版社
BEIJING YANSHAN PRESS

U0724741

图书在版编目（CIP）数据

乡村学校综合实践活动课程实施范例 / 王泽安，吕文韬，王天会主编 . — 北京：北京燕山出版社，2023.7
ISBN 978-7-5402-6913-5

Ⅰ . ①乡… Ⅱ . ①王… ②吕… ③王… Ⅲ . ①农村学校—活动课程—教学研究—中学 Ⅳ . ① G632.3

中国国家版本馆 CIP 数据核字 (2023) 第 086516 号

乡村学校综合实践活动课程实施范例

主　　编：王泽安，吕文韬，王天会
责任编辑：王月佳
出版发行：北京燕山出版社有限公司
社　　址：北京市西城区椿树街道琉璃厂西街 20 号
邮　　编：100052
电　　话：010-65240430（总编室）
印　　刷：廊坊市海涛印刷有限公司
开　　本：710mm×1000mm 1/16
字　　数：277 千字
印　　张：17
版　　次：2023 年 7 月第 1 版
印　　次：2023 年 7 月第 1 次印刷
定　　价：68.00 元

《乡村学校综合实践活动课程实施范例》
编辑委员会

◎文／刘谦

自古圣贤之言学，咸以躬身实践为先，识见言论次之。

——林希元

"纸上得来终觉浅，绝知此事要躬行"。重庆市綦江区打通中学的一群具有探索实践精神的师生，经过多年的实践，探索出了一条紧紧依托本地自然人文环境资源，开发校本课程、开展综合实践、进行校本研修、促进教师专业发展的道路。

重庆市綦江区打通中学是一所地处渝黔交界山区的高完中学校。此地是云贵高原喀斯特地貌与四川盆地丘陵地貌的过渡地带。三国诸葛亮南征，曾屯兵于此；中央红军长征，曾穿越于此；新中国成立，铁矿、煤矿开发于此，三线建设基地隐藏于此。

天时地利人和，早在 2003 年，打通中学地理组就开始了以野外考察为主要内容的地理研究性学习，随后，学校的综合实践活动蓬勃开展起来。打通中学的综合实践活动课程，依托乡土资源，校内、校外课程兼顾，学科背景、学科融合兼顾。立足学校，放眼基地；自然探秘，人文调查兼顾；生产实践融入生活体验……

2016 年 5 月，学校承担了重庆市重点课题"农村高中研究性学习课程实践模式的研究"（课题编号：2016cqjwgz2024），学校也因此积累了更为丰富的综合实践经验。2017 年 9 月，学校又承担了重庆市重点课题"校本研修促进农村教师专业发展策略研究"（课题编号：2017CQJWGZ2029），在进行校本研修过程中，特别注意校本教材的开发，让广大教师在开发校本课程的过程中，结合本地资源，以综合实践活动课程为载体和平台，进行多学科融合教学。现将部分典型案例汇编成《乡村学校综合实践活动课程实施范例》，以期能在全市、全国同类学校分享借鉴，从而更加有效地推进学校综合实践课程的开展。

本书汇编的范例来自校本研修中本校师生开发的、并将其中一些范例进行浓缩和提炼的典型案例。大致分为三部分：第一部分，研究性学习，包含考察探究、社会调查、实验探索；第二部分，设计制作，侧重工具制作、民间工艺、土特制造、科技活动等；第三部分，职业体验，侧重军训体训、勤工俭学、劳动教育、社会服务等。总之，本书内容丰富，囊括了乡村学校综合实践的多个层面。结合本地资源和学校特色，将重点放在研究性学习和设计制作两方面。

"星光不问赶路人，时光不负有心人"，在"依托乡土资源，校内、校外课程兼顾、立足学校，放眼基地"的实践探索思路下，先后以"基于学生沟通合作能力核心研究，搭建平台拓宽学生发展空间""存储学分激发潜能，拓宽乡村教师发展空间"为题，参展第四届、第五届"中国教育创新公益"博览会，并获得多方的一致肯定。

本书在编写的过程中，得到多方力量的支持，首先感谢区教委领导、专家多年的支持与指导，其次感谢綦江区第六学区、学校领导的大力支持与部门的通力协作，以及一线教师对乡村教育生活的坚守。最后感谢许多专家学者和教育同行在本书撰写与组稿过程中的大力支持！

目　录

第一单元　研究性学习

第二单元　设计制作

第三单元　职业体验

第一单元
研究性学习

　　"研究性学习"，是个既熟悉又陌生的名词。研究性学习是教育部2000年1月颁布的《全日制普通高级中学课程计划》中综合实践活动板块的一项内容，是一种以学生为主的学习模式，是一种在教师的指导下，由学生策划、执行及自我评估的学习方法。它是一种跨学科的学习技巧。2017年版教育部《中小学综合实践活动课程指导纲要》（以下简称《纲要》）中，综合实践活动中就没有"研究性学习"这个名词了，不过，《纲要》中阐述"综合实践活动课程主要方式中的考察探究、社会调查、研学旅行、设计制作等内容应属于原来"研究性学习"的开展范畴，因此，我们仍采用"研究性学习"为本单元命名。

01 野外考察篇

渝黔交界山区自然地理野外考察

指导教师：王泽安

乡村学校的研究背景

城市，是自然环境改变得最彻底的地方，而乡村，则与大自然直接接触，甚至直接融入大自然，所以，在中小学研究性学习活动开展中，乡村学校在野外考察方面比城区学校有很多优势。

我国幅员辽阔，南北跨多个温度带，东西又跨多样干湿地区，东部季风气候明显，而西部地区大陆气候显著；地形复杂多样，高原山地面积广大，平原丘陵盆地也有分布。我国又是沿海国家，大陆海岸线 1.8 万千米，岛屿众多，海岸海洋景观同样丰富。复杂的地形气候、特定的海陆位置造就了丰富多样的自然环境，为野外考察提供了广阔的施展空间。

地质地貌古生物、土壤水文动植物皆可以为野外考察的内容，山川草原河漫滩、石林洞穴半荒漠，甚至雪山草甸大峡谷皆可以留下考察者的足迹。从学科来看，综合实践课当仁不让，如地理、生物、物理、化学、自然科学、环境教育、地方课程、校本课程，甚至班团队活动，都可以结合当地环境和实际需要，组织起野外考察。

下面以在渝黔交界的綦江区南部山区开展野外考察活动为例，呈现乡村学校开展研究性学习的乡土特色。

背景资料

渝黔交界的綦江南部山区属新华夏系第三隆起带之川鄂湘黔隆起带西缘，古生代显著凹陷，中生代显著隆起，到三叠纪末期（约在2亿年前），印支运动使古生代地层大片出露，构造复杂。含煤地层为二叠系龙潭组。区内，石灰岩、页岩、砂岩广布，页岩层中有较为丰富的页岩气。该地区处于四川盆地与云贵高原的过渡地段，有贵州大娄山余脉分支，地势南高北低，西高东低。

该地具有典型的亚热带季风气候。春早、气温变化大，初夏梅雨季节多阴雨，盛夏炎热，副热带高压控制时有伏旱，光照强烈，强对流天气频繁，局部风雹雷电灾害多，秋季光照少、秋雨绵绵的天气多，冬暖，湿度较大、云多，日照少，降水少。该地有亚热带常绿阔叶林、落叶阔叶林和针阔混交林，植被茂密，森林覆盖率高，为野生动物繁衍栖息提供重要场所。

该地区属长江流域，河流属綦江水系上源，流程短，有盲河、地下河、干河床分布，河谷狭窄，崖阶显著，基岩裸露，大雨后有瀑布高悬。区内有紫色土、黄壤、石灰岩土、潮土，以及河谷中的熟化土壤水稻土等。

备选课例

1. 天然"氧吧"大罗山探秘

提示：从打通大罗山区高森林覆盖率，生态友好角度分析。

2. 苍鹭为什么只在天星村安家

提示：从天星村的位置、苍鹭生活环境、大罗山区的良好生态角度分析。

3. 大罗山下龙泉调查

提示：从无污染的山区、地下岩层的过滤、地下水的形成等角度来分析。

4. 干河沟探秘

5. 水洞探奇

提示：从喀斯特地貌的形成与演变角度分析。

6. 化石地砖寻踪。

提示：从本地化石地砖采集地的地质环境角度分析。

下面，我们以"干河沟探秘"的课例进行研究。

一、考察准备

1. 明确考察目的

通过观察分析石灰岩地区（喀斯特）地表水、地下水的分布特点，让学生懂得自然界各自然要素间的相互关系，培养学生求真求实的科学探究精神。

2. 确定考察任务

①观察石灰岩的岩性。

②观察干河沟两岸不同高度的溶洞，分析溶洞、地下河、漏斗的形成原理。

③理解石灰岩地区地表水容易下渗的原因。

④推断干河沟今后的变迁。

⑤根据收集的资料和野外观察的数据进行综合分析，撰写考察报告，形成研究成果。

3. 考察准备工作

①备用物资准备

干河沟一带的地形图（可以从网络中获取）、地质罗盘（可以用手机中的指南针功能实现）、地质锤（其他类似铁锤）、100 米皮卷尺、酸碱度指示剂（纸）、相机等。

②工具使用学习

学习如何利用手机中的地图功能规划考察行进路线和绘制考察地区草图。

学习如何利用手机中的指南针功能定位、定方向、量河流流向、岩层走向倾向等。

学习如何使用地质锤碎石、敲石辨音、采集标本等。

学习如何使用皮卷尺丈量河床的宽度、岩层的厚度、溶洞高度、溶洞洞口、洞厅大小和深度等。

学习如何使用相机（或手机）进行专题摄影。

4. 基本资料（本地的自然环境详尽资料）

麻柳河全长 6 千米，河流曲折，坡度较大，约 17‰，流经嘉陵江组石灰岩层，有数处形成时隐时现的暗流。上游很长一段，当地人习惯称为干河沟，因为在枯水季节，有些河段成为暗河，河床干枯。6 月份流量较大，为 23.825 立方米 / 秒；3 月份较小，为 0.066 立方米 / 秒。

本次考察主要探究干河沟为什么有的河段干枯，成为"干河沟"。

5.考察线路设计

干河沟从上游的吹角村到下游的水洞河段，虽然只有 4 千米，但由于基本上处于峡谷地带，行路艰难，所以适宜分为两条考察路线或分为两次考察进行。（图 1-1-1）

①线路一：打通镇→下坝→（正西方向下）谷底→（往上游）南家岩→格子岩→石板沟→吹角村

②线路二：打通镇→下坝→（西北方向下）谷底→（往下游）长槽→水洞

6.考察分组分工

①分组建议

由于干河沟河床基本上位于峡谷之中，峡谷行进速度缓慢，要在一天之内考察全河段很困难，所以建议分上下游两段进行考察，分为上下游两个考察组。

②各组除了备齐考察相关物资外，人员也要进行分工

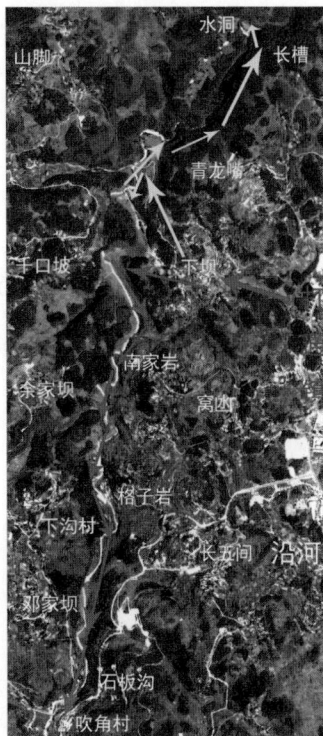

图 1-1-1
干河沟野外考察路线图

指导老师：由地理、化学等学科老师担任，负责沿途相关知识的介绍和观察点的讲解。

组长：由具有组织、协调、应变能力的学生担任，统一安排本组的考察事宜。

记录员：由两名至三名书写工整、文字表达能力强的学生担任，记录沿途与考察相关的知识。

绘图员：由有一定美术功底的学生担任，在观察点或制高点。

摄影摄像：由有摄影摄像爱好的学生担任。

安全员：由平时做事谨慎、警觉性高的学生担任，负责行进和考察过程中安全提醒和防范。

7.安全教育

野外考察安全最为重要。要注意以下几个原则：

①身体欠佳或不宜参加户外较高强度、长途跋涉运动的学生不参加，未征得家长同意和帮助的学生也不参加。

②选择适宜的天气外出考察。夏天的野外考察不宜在晴天，气温太高，容易出现中暑，也不宜选择雨天，不仅行路困难，还可能遇到地质灾害险情，而宜选择在阴天进行。

③选择安全路线考察，但毕竟是沿河考察，也会有比较危险的路段，所以一定要进行深刻的安全教育。

④携带防身应急的物品：如防风打火机、小刀、细尼龙绳、手电筒、口哨、丝巾、小瓶高锰酸钾、药棉、创可贴、救生盒、探路棍等。

二、考察活动过程

两条考察线路，皆是步行出发，线路 1 到达吹角村后，可以乘车返回，而线路 2 则全程步行，两条线路考察时间皆在 4~5 小时之间，所以要鼓励学生以顽强意志克服困难，同时也培养学生的耐力和意志力。

1. 线路 1

观察点①：从下坝村正西方向沿着陡峭的绝壁山路（三叠纪石灰岩层）下到干河沟河底，就是第一个观察点。这里有如下考察内容：

A. 溶洞景观：站在一座有些年代感的石拱桥上，看到干河沟的河水从南向北流过，从一个半人高的隧道穿进大山中去了。隧道上方的不同高度有几个干枯溶洞，洞口大小不一。

最低处的溶洞离谷底有二三十米，我们曾经去过，洞口比较大，但洞口有用石块垒砌的痕迹，据说解放前夕，有土匪在此盘踞，后被剿灭。洞厅很大，确实可以容纳百十人在此逗留，洞的低处还比较潮湿，显然是离河比较近的缘故。

高处的几个溶洞，太险，我们没有探过。但听人说，还是有人曾经进去过，洞口洞厅都较小，且比较干燥。

B. 裁弯取直与煤矸石倾倒场工程：前文提到的半人高隧道，其实也是一个溶洞，只不过位置更低，正好有河水通过。原本，河道在这里遇到坚硬石灰岩山体的阻挡，拐了个弯，向东、向北、再向西北流（图 1-1-2），现在却有新的河道从山体中穿过。原有河道派上了别的用场：2005 年，当时的松藻煤电公司打通一矿将该河段选作井下煤矸石的倾倒场，新河道开凿成功后，原河段两端扎断垒高，中间的天然峡谷，就成了倾倒煤矸石的场所。十多年过去了，从峡谷东侧崖顶倾倒而下的煤矸石已经填满大峡谷。

露天堆放松散的煤矸石毕竟对大气、地下水有污染，这种堆放方式，饱受诟病。现在，有好的方式解决了。我们考察时，就听工作人员介绍，现在大货车正大量将煤矸石拉去做水泥和砖的原料，煤矸山有望慢慢消失。

新河道在天然溶洞的基础上扩宽加固而成，干河沟的水从此通往下游。有老师曾想

图 1-1-2　干河沟裁弯取直示意图

蹚水穿越地下的新河道，没想到，新河道中居然有落水洞或者漏斗，上游水量小时，全部被落水洞吞掉，只有上游水量特别大时，才有多余的水从新河道流出来。老师根本不敢冒险穿越，原路返回，还心有余悸。

观察点②：从煤矸石堆放场到格子岩河段。

由于大量村民外出务工、生产经营方式转变及交通条件的改善等原因，干河沟两岸的坡地早已退耕还林，河堤茅草狂野生长，已无路可寻。沿河考察，最好的"路"居然是河道本身。师生一道沿河道向上游考察，尽量靠河床边行走，有的地方，河床两岸太陡，没有下脚处，则只好踏在河床中央大一些的卵石上走。

本段可以考察的内容：

A. 鹅卵石和巨石同时存在的河床。鹅卵石是存在于河床多少万年，经过反复磨圆形成的，而巨石则是从两岸陡峭的石灰岩壁崩落到河床上形成的，因为从巨石上的岩层走向可以判断出巨石来源于高处。

B. 干河沟的水量。连续降雨后水量稍大，其他时间水量小，我们考察时间是连续多日晴天后的一个阴天，水量不大，经过测量大致为5立方米/秒。河床8~15米宽，水面5~10米宽。水时深时浅。

C. 两岸地貌差异。两岸的岩石主要有两大类，石灰岩和泥岩，河床切过石灰岩地区，则崖壁陡峻，河床切过泥岩地区，则岩壁稍缓。在河湾处，凹岸水深和凸岸水浅且有泥沙沉积。

插曲：干河沟有一段，可能只有30米左右，流速缓但水深，又无卵石可踏，两岸陡崖，涉水而过都不行，当初考察准备时也不可能想到要准备橡皮筏。只好退到一个岸边稍缓处上山，计划绕过那一河段。没想到，岸上灌木茅草丛生，草山草坡一望无边。人行其中好渺小，方知大自然伟大的一面、人类脆弱的一面。只能由师生中身体强壮者在前用刀和棍子开路，后面的相互搀扶，小心前行，就这样，仍然有师生手上划出口子，创可贴派上了用场。前行速度很慢，10分钟不到100米。前进半个小时，眼前尽是荒野。终于，看到前方有人工栽种的玉米（本地称苞谷），师生欢呼起来，终于看到了人类活动的痕迹。来到玉米地，找到一条下山的路，终于回到先前考察河段的前方河床。

观察点③：从格子岩到石板沟。

本河段河床稍宽，有的河段两岸甚至还有稻田。

本段考察内容：干河沟之"干河床"证据。

图1-1-3 干河沟干涸的河床

由于我们考察是一路溯源而上，正常情况，水量会越来越小。但是，我们发现经过一段水量小的河段后，水量又突然增大了。在一座石桥上，看得比较清楚，很多河水直接进入地下了，会不会地下河分流了一部分水量？采访当地老乡得到更为清晰的结论：喀斯特地区的河流在这里遇到了地下溶洞，流量小的时候，地表河水进入溶洞，成为暗河（或叫阴河），暗河到下游某个位置出露，再次成为明河，这么一来，河床就有那么一段是干涸的河床，不到雨季，不会有水。这可能就是干河沟名称的来历吧。因为我们考察是在夏季，水量较大，没有看到完全干涸的河床。（如图1-1-3）

2.线路2

观察点①：到达下坝后，一部分师生向西北沿着一条硬化的乡道下到干河沟谷底，这就是线路 2 的观察点①。这个位置其实是线路 1 的师生观察到的溶洞裁弯取直工程的出水方向。这里考察内容：

干涸的河床。由于溶洞改造成的新河道中落水洞吞掉大量来自上游的水量，这个河段的水量已经很小了，河床长期处于干涸状态。幸而有来自山脚（地名）的另一条小河注入，不过总水量远不及上游了。

观察点②：从谷底沿河前往水洞的峡谷段。本段最大的特点：

地面上的"阴"河。因为峡谷幽深，两岸常绿植被枝叶向河床伸展，几乎达到无缝连接，所以如果从空中俯瞰，看到的是绿色峡谷。师生在峡谷中穿行，如果不是半干涸河床的时时提醒，还以为在森林中走过。峡谷中光线很暗，只有少许光线透过枝叶缝隙投射下来。

特别提醒：由于该河段长年阴暗潮湿，所以虫蛇经常出没。考察经过此段，要做好充分的准备。长衣长裤长袜，最好戴帽戴手套，进入峡谷前身上先喷点儿防虫的药水。虽然总长只有大概 1 千米，沿途充满变数，所以带路者须得格外小心，一路探索方能前行。如果没有充足的准备，这一段也可就在峡谷口考察便罢，然后上山绕行到观察点③。

观察点③：水洞景点，这是干河沟的最下游。（图 1-1-4）

水洞是一个地下河的入口，它吞掉了干河沟上游所有的来水，当地下河尽头，河水再次流出时，从百度地图上看，已经在相隔数重山峦的 1.5 千米之外了。

这里的考察内容：

A. 久远的干河道。在离水洞洞口不远处的东面，同时又离现在河床 20 米的地方，有一条绿草如茵的山谷。百十米宽、2000 米长的山谷，完全可以作为天然牧场，牛羊放进这片山谷，只须在谷口立栅栏，绝不担心牛羊走丢。仔细观察，发现这条山谷

图 1-1-4 干河沟之终点——水洞

其实是干河沟曾经的河道。岁月沧桑，不知什么时候，河床继续下切，河水找到了新的通道——通过水洞进入地下，这个河道被无情地"遗弃"了。所以这"干河沟"真不是浪得虚名。

B.岩居老人。从废弃河道口正面拾级而上，是一个溶洞。洞口大，内厅大，干爽宜居。一位曾参加过1962年中印战争的老兵喜欢独处，曾带领一家人在此长期居住，以放牧为生。政府专门为他修了安置房，他还在此居住了很长时间，直到50年后，因身体欠佳，才搬出了交通不便的山洞。

C.水洞风光。第一次来到水洞跟前，里面黑洞洞的，有些吓人，不敢贸然进入。但经过少许时间的适应，就可以进入水洞洞厅之中了。

刚进入洞厅，陡然产生空旷神秘之感。漫长岁月里，来自大自然的侵蚀，溶洞形成高达数十米的大厅，回声清晰，光线明亮。洞顶有的地方可以见到形态各异、保存完好的石钟乳、石瀑布。扫视洞府，会发现河水只从西侧最低处贴壁流过，东侧有大量崩落的岩石，乱七八糟，胡乱堆积。坐在石头上，定能感受到时光交错、岁月之沧桑。

洞的深处，空间开始收窄，光线越来越暗，回望洞口，只剩小小的亮点了，这时，胆小者多半望而却步。其实，还可以秉烛前行，虽然乱石凹凸不平，且有些湿滑，每前进一步都有点儿艰难，但这正好给人带来惊险和刺激。据说，在枯水季节，这样一直可以探索着将整个洞府走穿。这正是水洞魅力所在。我们认为，它是具有很高的开发价值的。

三、考察总结

1.数据汇总与分类

将各考察小组或多次考察所收集到的数据和资料汇总在一起，并进行分类。一般分为文字资料类、图片资料类、视频资料类及先期收集到的文献资料类。

2.各小组可以根据拟定的不同主题，针对性地选取数据材料，进行综合分析，撰写总结报告或小论文。每一位考察队员还可以写考察心得与感悟，不限字数和篇幅，写出真情实感。

参考主题：干河沟的来历、干河沟地貌类别、干河沟的水质调查、干河沟的巨石卵石与沙子、水洞地下河的奥秘、地面"阴"河历险记、干河沟会有地质灾害吗等。

3.成果形成

以文字报告、PPT、小视频、展板等形式，将考察结论形成成果，列为一项资源包，归档加入资源库。

4.成果展示

①将总结报告或小论文在课堂上以小组形式汇报，各小组选派成员陈述展示，还可以进行各小组的评比。

②成果展板可以在校园公开展出，既丰富校园文化，又展示研究性学习课程的活动风采。

③提炼成果，参加校级、区县级的各类综合实践活动的成果展示和竞赛。

四、拓展研究

1.双溪兵工厂选址的奥秘

提示：从地形地貌及当时国际形势角度分析。

2.三国马忠屯兵地合理性探究

提示：从环山地形与军事防卫角度分析。

3.小罗铁路废弃之谜（图1-1-5）

提示：从资源分布与开发价值、地形地势角度分析。

4.打通地区天然气的未竟开发思考

提示：从资源形成分布与开发条件角度分析。

5.打通地区乌金开发的兴衰

提示：从煤炭资源的开发与南方地质条件的关系角度来分析。

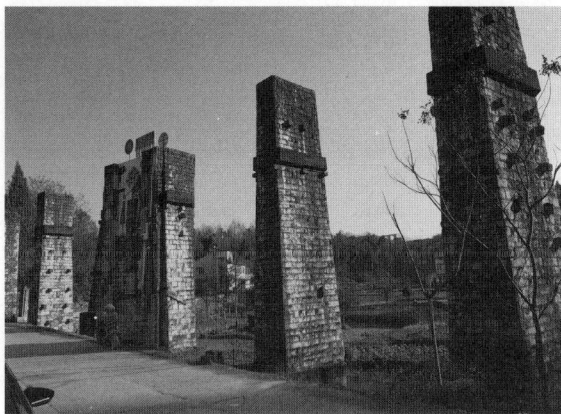

图1-1-5 小罗铁路废弃的桥墩

备用插图：渝黔交界地区地形图、矿区分布图、溶洞图、峡谷图、小褶曲图、干河沟裁弯取直工程、天然气井及燃烧的天然气、红花湖、梅家沟吊桥、天星村观鸟……

打通中学附近的地理野外考察

指导教师：王泽安

背景介绍

　　农村中学与大自然深度接触，放眼望去，学校周边总有类型丰富的野外考察资源，地形地貌、河湖湿地、森林草地、农田坡坎等自然资源，商贸集镇、道路管网、文教医卫、住建安居、环境治理等人文资源都可以选取成为户外考察的内容。

　　下面以打通中学附近的地理野外考察为例，来谈谈如何利用学校周边资源开展综合实践。

一、考察准备

　　1.明确考察目的

　　通过观察校园周边的地质地貌环境及学校所处的地貌环境，让学生懂得林区与耕作区的自然分界与地质环境的关系，也让学生了解地质灾害与地质地貌的内在联系；通过对化石的发掘和了解，让学生了解地球生物的演化规律；通过地貌景观的观察和联想，增强学生的美学鉴赏力，培养学生探求科学真理的精神。（图1-1-6）

　　2.确定考察任务

　　①观察页岩的层理结构，在页岩破碎区寻找散落的化石。

　　②观察山谷和山脊小地形，分析小地形的成因，思考这类小地形在农业利用上

图 1-1-6

校园附近的地理野外考察点分布图

的差异和地质灾害方面的防范措施。

③观察石灰岩层的厚薄差异并分析原因，岩层的走向倾向及成因分析，溶洞形成早期的状况，绘制地层剖面图。

④观察欣赏喀斯特奇特景观，提升美学鉴赏水平。

⑤观察区级文物"德政碑"，探究其来历。

3. 考察准备工作

①备用物资准备

学校附近的地形图（或平面图）、地质锤、相机（拍照手机）、罗盘（指南针）等。

②考察路线设计

五个观测点，基本上是逆时针绕学校转一圈。全程大约需要 1 ~ 1.5 个小时。

③考察方法培训

标本收集方法：主要讲矿物、岩石、化石标本采集要注意标本的完整性、典型性，包装、运送的安全性等。

地理景观拍摄方法：突出地理景观特点、对比要分明、人物不是重点但烘托作用大等。

4. 考察分组分工

以 6 人为一小组为宜，考察期间，小组成员尽量在一起，分组长、记录员、绘图员、摄影摄像、安全员等职。

组长：由具有组织、协调、应变能力的学生担任，统揽全过程。

记录员：由两名书写公整、文字表达能力强的学生担任，记录沿途与考察相关的知识。

绘图员：由有一定美术功底的学生担任，选择适当位置绘剖面图等。

摄影摄像：由有摄影摄像爱好的学生担任。

安全员：由平时做事谨慎、警觉性高的学生担任，负责行进和考察过程中安全提醒和防范。

5. 安全教育

野外考察安全最为重要。虽然在校园附近，地形不复杂，但安全仍然要注意：

①身体欠佳或不宜参加户外运动的学生不参加，未征得家长同意和帮助的学生也不参加。

②选择适宜的天气外出考察。夏天的野外考察不宜在晴天，气温太高，容易出现中暑，也不宜选择雨天，不仅行路困难，还可能遇到地质灾害险情，而宜选择在阴天进行。

二、考察活动过程

调某天的上午最后两节或下午两节课，学生穿校服带好相关物品，在校园内组织好，一个班学生以小组为单位一列纵队出发。按观测点的顺序依次进行考察：

观测点1：页面观测点

该观测点是巴渝新居与打通派出所之间一壁裸露的岩壁，一层层的页岩从下至上叠层分布。

图1-1-7 页岩观测点发现化石

学生任务与思考（图1-1-7）：

1. 观察页岩构造、岩层厚薄，岩性

2. 测页岩层走向、倾向、倾角

3. 试着在崩落的岩块上寻找化石，并思考形成的条件

观测点2：山脊、山谷地貌观测点

从观测点1拾级而上，就到了巴渝新居背后一侧的山梁上，这就是观测点2。由于只有一条地边小路，学生只能一路纵队，等全班学生都上到山梁后，全体立定，向右转，一字排开进行观察。

学生任务与思考：（图1-1-8）

图1-1-8 学生在山脊上观察记录土壤性状

1.观察学生所处地的地形类型，以及两侧的地形类型；思考山谷与河谷的异同

（让学生对山脊与山谷有非常直观的认识）

2.观察和思考

学生所处地为什么可以开辟为旱地？土壤是否肥沃？

（让学生对土壤形成的条件、肥沃土壤的标准等内容进行直观了解）

3.思考

这类小地形发生地质灾害的诱因可能是什么？如何有效避免地质灾害的发生？

（培养学生的综合思维和地理实践力）

观测点3：沉积环境观测点

该观测点是位于巴渝新居高层区和低层区之间的一片岩壁。该处岩壁是石灰岩构成，厚薄不一而倾向一致的岩层依次分布，中间还有经溶蚀后的裂缝点缀。

学生任务与思考：（图1-1-9）

1.思考

石灰岩与页岩的形成条件有何不同？

（让学生对沉积岩的沉积环境有更深的了解）

图1-1-9 学生考察沉积环境

2.思考

为什么岩层不是水平的？可能有哪些地壳变动形成这种情况？

（加深学生对构造运动、地质构造方向知识的巩固）

3.思考

此处石灰岩层为什么厚薄不一？

（让学生了解沉积环境的稳定性与变迁和岩层厚薄的关系）

4.观察了解

早期溶洞的形成机理。

（复习溶洞形成的化学反应方程及该化学反应方程的可逆性后果）

5.任务

用铅笔绘制该处岩层的剖面图。

（培养学生的绘图动手能力）

观测点 4：喀斯特景观观测点

该观测点位于北面一角，是由石灰岩经外力作用后形成的若干地表奇特景观，多处石

图 1-1-10　考察点的喀斯特景观

芽、溶沟突现，形状独特，吸引人驻足。特别是有一处被我命名为"乌龟与小猪的对话"的景观，两尊凸起的石芽宛如一只可爱的乌龟与一只调皮的小猪在说话。

学生任务与思考：

1.思考

石芽为什么会形态各异？（图 1-1-10）

（让学生了解因岩性不同造成差异侵蚀的事实。）

2.任务

绘制"乌龟与小猪的对话"的石芽景观图。

3.娱乐

找到适当角度、以有趣找乐的姿势与石芽景观合影。

（培养学生对地理野外考察的兴趣）

观测点 5：区级文物观测点

在巴渝新居西面正门口公路边，有一处天然的方形石磴，石磴正面被人工铲平，中间刻

图 1-1-11　学生观察区级文物"中流砥柱"

有"中流砥柱"四个大字及两侧的详细文字介绍的碑文。这就是本次考察的最后一个观测点。

学生任务与思考：（图 1-1-11）

1. 任务

让学生仔细辨认碑文，揣测碑文的大致意思；

（培养学生耐性，考察学生的古汉语功底）

2. 听介绍

由老师将"中流砥柱"德政碑的故事讲解给学生听；

（了解家乡历史，弘扬正气，明德明志）

3. 观察思考

德政碑石缝上的小树为什么不容易干死？

（培养学生综合思维）

考察完五个观测点后，沿打通北路返回学校，本次野外考察结束。返校后，还可以做以下工作：分小组撰写并上交考察报告，展示各小组绘制的剖面图和景观图，评比拍摄的照片，做一个展板在校内展出。

松藻盐井河区域的古生物化石考察

指导教师：王泽安

背景介绍

由于松坎河的自然下切作用，在渝黔交界的原松藻矿盐井河区域，形成典型的峡谷地貌，河谷深切，岩石裸露，成为地质考察的天然剖面。加之该区域从东南向西北方向出露地层由老到新，而且短短2千米范围内，地层年代从5亿年前的寒武纪到2.8亿年前的二叠纪，因此该区域的古生物化石也典型分布且时间跨度大。由此，该区域成为古生物化石考察的绝佳场所。（图1-1-12）

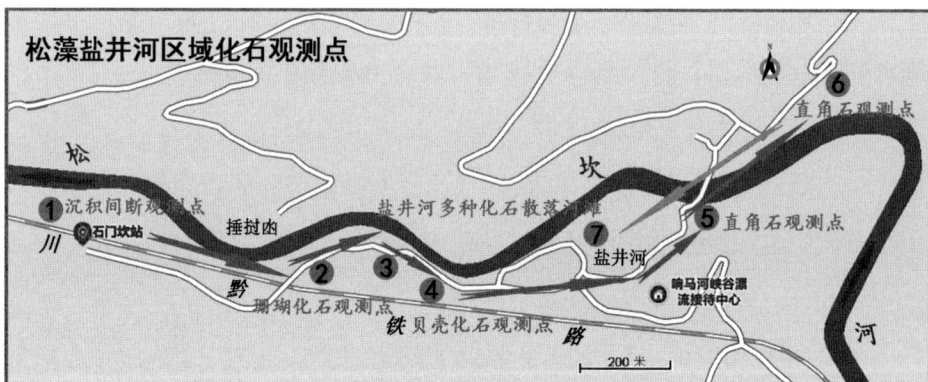

图1-1-12 松藻盐井河区域化石分布图

一、考察准备

1.明确考察目的

考察盐井河区域，如进行穿越地史之旅，地球演化史、地球生物进化史在这里都有相应的"书页"，因此，通过本区域的考察，让学生了解地球海陆的沧桑变迁及地球生物的演化规律，培养学生的科学唯物主义观，同时通过学习让学生掌握收集化石的方法和要领，培养动手动脑的实践能力。

2.确定考察任务

沿着从观测点 1 到 6 的线路，所观察的岩层大致从新到老，学生可以依次观察到不同时代的古生物化石。学生在老师的指导下，先边观察边听指导老师讲解，再独自寻找化石，并将容易采集的化石进行采集。对个体完整但又不易采集的化石，要采取保护措施，不能破坏。观测点 7 作为最后的考察点，是盐井河广阔的河漫滩，学生在这里不仅可以广泛搜寻从上游冲刷下来的带化石的卵石，还可以在这里开展野炊、野餐、娱乐活动。

整个考察时间预计半天，如果是研学旅行，在这里还开展其他活动，可以安排一天时间。

3.考察准备工作

①备用物资准备

松藻盐井河区域图（或平面图）、地质锤、相机（拍照手机）、罗盘（指南针）等。

②考察路线设计（如图）

先乘车到达松藻，有两个方案可行：第一方案是沿着铁路线步行到石门坎车站，然后按观测点顺序依次进行考察；第二方案是从松藻继续乘车经盘曲山路穿过响马河漂流接待中心，到达石门坎车站附近，再依次进行考察。不过，这段盘曲山路实在太陡太窄太弯，外地司机一定要慎重。

③考察方法培训

标本收集方法：主要讲矿物、岩石、化石标本采集要注意标本的完整性、典型性，包装、运送的安全性等。

地理景观拍摄方法：突出地理景观特点、对比要分明、人物不是重点但烘托作用大等。

4.考察分组分工

以 6 人为一小组为宜，考察期间，小组成员尽量在一起，分组长、记录员、绘图员、摄影摄像、安全员等职。

组长：由具有组织、协调、应变能力的学生担任，统揽全过程。

记录员：由两名书写工整、文字表达能力强的学生担任，记录沿途与考察相关的知识。

绘图员：由有一定美术功底的学生担任，选择适当位置绘剖面图等。

摄影摄像：由有摄影摄像爱好的学生担任。

安全员：由平时做事谨慎、警觉性高的学生担任，负责行进和考察过程中安全提醒和防范。

5.安全教育

野外考察安全最为重要，尤其在峡谷地带进行考察，要防失足跌伤、防跌入河谷溺水、防石块崩落砸伤、防地质灾害、防蛇虫袭击、防藤蔓划伤。

①身体欠佳或不宜参加户外运动的学生不参加，未征得家长同意和帮助的学生也不参加。

②选择适宜的天气外出考察。夏天的野外考察不宜在晴天，气温太高，容易出现中暑，也不宜选择雨天，不仅行路困难，还可能遇到地质灾害险情，而宜选择在阴天进行。

③出行前的着装一定要适合户外考察，不能穿短裤和裙子，耐磨的牛仔裤是不错的选择；另外，这次考察时间较长，所以要带好饮用水和必要的干粮，以补充能量。

二、考察活动过程

利用半天或周末的时间，组织学生前往。按观测点的顺序依次进行考察：

观测点1：沉积间断观测点

该观测点是石门坎车站靠山一侧的岩壁，由下斜着向上有一层岩性出现明显差异的过渡带，上层是厚厚的石灰岩，下层是较软的页岩。过渡带还隐约可见到黄褐色的分层（经证实是铁矿层）。

学生任务与思考：

1.观察页岩和石灰岩的岩性、构造

从岩石的物质成分、外部形态、厚薄、软硬、抗风化程度等角度分析。

2.听介绍

此处为地质史上著名的沉积间断痕迹，上层为二叠系、下层为志留系地层，中间有1亿多年时间，该地区抬升为陆地，没有沉积物条件，所以出现沉积间断。

3.观察过渡带的黄褐色铁矿带，思考铁矿成因

从温暖气候下铁的氧化来分析成因。

观测点 2：珊瑚化石观测点

本观测点为化石观测的第一个点。在距乡道 10 余米的山崖上，裸露几块巨形岩块，上面密密麻麻地分布着珊瑚化石，可以说，这几块岩块就是珊瑚化石聚集体。（图 1-1-13）

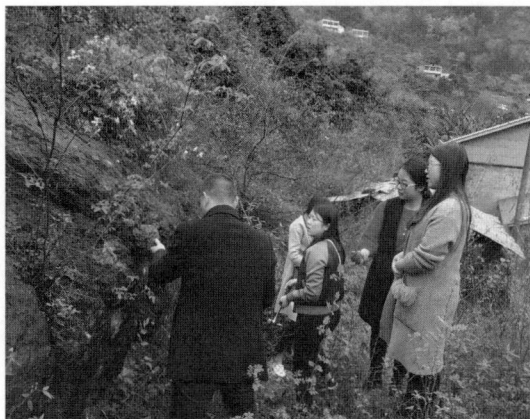

图 1-1-13　发现珊瑚化石的地方

学生任务与思考：

1. 观察与思考

观察这类珊瑚化石与现代珊瑚有什么不同。

（了解珊瑚生长的环境及珊瑚化石的形成条件）

2. 动手实践

让学生试着将一些好收集的珊瑚化石敲下来。

（教学生敲化石的要领，以不破坏化石的完整性为原则，在化石边缘慢慢轻敲。对化石完整，而又无法敲下来的，则做好标记，保护下来。）

3. 观察

看此处除了珊瑚化石外，还有哪些其他化石。

（实践证明，此处还有笔石、石燕等化石）

观测点 3：散落珊瑚化石观测点

该观测点位于从石门坎火车站到盐井河必经的穿洞进洞前的山坡一侧。该处进行过采石施工，在采石施工后的空地上，散落了大量从高处崩落的大小岩块，其中很多岩块上就有珊瑚化石，甚至有些小岩块，本身就是完整的珊瑚化石。从岩层年代来看，与观测点 2 属同一年代。

学生任务与思考：

任务：收集散落的珊瑚化石。

（此处是学生收获最多的地方，不用很费力就可以找到大量化石。但要注意安全，防高处岩块崩落伤人。）

观测点4：贝壳化石观测点

图1-1-14　发现大量贝壳化石的地方

该观测点位于穿洞（实际是一个天然溶洞加以拓宽而成）靠盐井河一侧的出口处，此处地势险峻，一侧是临河的深潭，一侧是陡峭的岩壁，中间只有两三米的路面。而贝壳化石就在岩壁出露。（图1-1-14）

学生任务与思考：

1. 观察

此处岩石与前面见过的岩石岩性有什么不同？

（对化石的形成条件有更清晰的认识）

2. 任务

打岩壁找化石踪迹，对出露明显、便于采集的化石进行科学采集，对不易采集的化石予以保护。

（进一步学习采集化石的科学方法）

3. 思考

为什么此处贝壳化石能够聚集出露？

（还原化石的形成环境）

观测点5、观测点6：角石化石观测点

此处原为盐井河渡口，有一条渡船在一根钢缆的牵引下来回摆渡。后来此处修筑了漫水平桥，平时水位低时汽车可以从桥面过，洪水季节水可以漫过平桥。角石化石就在两岸的岩层上有分布。此处的地层是形成距今4亿多年的奥陶系中厚地层，出露的直角石个体比较大、比较长。

学生任务与思考：

1. 任务

寻找角石化石出露地。

（注意不是采集角石化石，因为角石化石虽然出露，但要敲下来，而且要

完整敲下来不易，所以从保护角度，不宜直接敲击。）

2. 任务

找好角度拍照，学会如何拍化石照片，也可以绘化石出露的素描。

3. 思考

从角石化石的形态，联想 4 亿年前头足类动物在海洋生活的场景。

（回顾课堂上提到过的地质时期海洋生物的演化知识）

观测点 7：盐井河多种化石散落河滩观测点

这是最后的观测点，是盐井河广阔的河漫滩，如果时间充裕，学生可以在这里待上两小时以上，他们可以广泛搜寻从上游冲刷下来的带化石的卵石，也可以在这里开展丰富多彩的野炊、野餐、娱乐活动。（图 1-1-15）

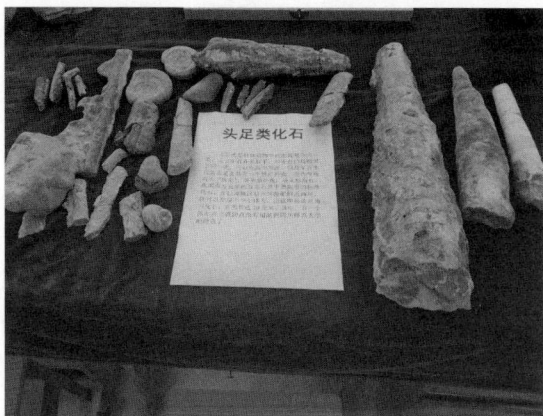

图 1-1-15 学生收集到的部分化石

学生任务与思考：

1. 思考

化石为什么会出现在河漫滩？

（从风化、侵蚀、搬运、沉积等外力作用方面进行复习回顾。）

2. 思考

河漫滩的卵石与岩壁敲下来的石块有什么不同？

（强调流水的磨蚀作用）

3. 任务

训练眼力，看谁找的化石多，有绘画功底的学生可以在此处画河谷素描。

（从上游冲刷搬运到这里的化石种类很多，头足类、腕足类化石甚至还有三叶虫化石，可以通过比赛的方式激励学生）

活动结束，安全返回。同样与其他野外考察一样，返校后，可以做以下工作：①分小组撰写并上交考察报告，展示收集到的化石标本，展示各小组绘制的剖面图和景观图，评比拍摄的照片，做一个展板进行校内展出，还可以做成综合实践的汇报材料，向学校或上级进行汇报。②进行化石资源的保护教育，强调化石是国家资源，除了教学研究，不能私自买卖，不能在化石聚集地从事破坏活动。

02 研学旅行篇

"重走长征道路·传承红色基因"教学设计

供稿：吕文韬

一、课程指导思想与活动背景

党的十九大明确指出："要全面贯彻党的教育方针，落实立德树人根本任务，发展素质教育，推进教育公平，培养德智体美劳全面发展的社会主义建设者和接班人。"

综合实践活动是从学生的真实生活和发展需要出发，从生活情境中发现问题，转化为活动主题，通过探究、服务、制作、体验等方式，培养学生综合素质的跨学科实践性课程。

打通中学位于渝黔交界，毗邻西南最大无烟煤生产基地，周边红色资源丰富，距离中国工农红军长征重庆唯一一过境地——石壕镇有14千米，距"四渡赤水"主战场贵州土城有80千米，受到毛泽东主席和朱德总司令高度评价的王良将军，其故居也在綦江境内。基于此，我们决定以研学旅行的方式，开展"重走长征路·传承红色基因"研学旅行活动。

二、研学旅行课程目标

通过"重走长征路·传承红色基因"研学课程的实施，引导学生行前制定研学线路和提出问题，去体验观察、记录、整理归纳的探究学习方式，感知、体验、探究革命先烈在艰难环境中英勇顽强、矢志不渝的斗争精神，学会合作探讨、交流、质疑，去感受、感悟、成长。促进学生的身心健康、体魄强健、意志坚强，形成正确的世界观、人生观、价值观，全面提高学生主动适应社会的素养和综合实践能力。

1. 价值体系

了解中央红军綦江过境的光辉灿烂的历史，明白中央红军长征过境綦江的重大意义，传承与弘扬革命精神。通过考察探究家乡的变化，体悟个人成长与家乡振兴发展的关系，更好地了解家乡、热爱家乡。

2. 责任担当

调查、采访当年中央红军过境綦江的历史和故事，促使学生关注红色文化，激发学生文化传承保护意识；通过了解家乡巨大变化，能持续参与宣传家乡、建设家乡等社会实践活动，增强社会责任意识，形成主动服务家乡的情怀。

3. 问题解决

充分利用周边的自然、人文资源进行探究，综合运用历史、地理、语文、信息等学科知识，记录实践过程和调查结果，用科学方法开展研究，提高学生的组织能力、策划能力、表达能力和利用综合知识解决实际问题的能力。

4. 创意物化

亲身探究体验"重走长征路·传承红色基因"研学旅行活动，考察收集资料，形成研学旅行实践活动报告、制作视频、组织主题班会、手抄报等，从而提高学生搜集、处理、分析信息、合作交流与沟通的能力。

三、课程活动条件

1. 场地资源

綦江石壕红军桥、石壕红军烈士墓等红色文化资源距离学校比较近，不会超过 20 千米，宜于开展前期准备活动，红色文化基地有陈列室，便于查找搜集资料。学校有阅览室、电脑室等，便于学生在参与方案的制订、讨论等活动时有固定的场所，为活动的成功开展提供便利。

2. 教学资源

文字资料、调查问卷、人手一本研学手册，每一个小组有一个资料袋。

四、研学旅行课程活动内容

（一）准备阶段：搜集主题资料、制订活动方案、确定活动路线等。

（二）实施阶段：开展"重走长征路·传承红色基因"研学旅行活动。

（三）总结阶段：传承与弘扬。

（四）评价阶段：学习评价。

五、课程活动过程之准备阶段

1. 活动任务

了解研究学校周边红色文化资源，列出资源清单，为制订活动方案、形成活动路线做准备。

2. 活动准备

场地：电脑室、活动景区。

准备：调查问卷表格、活动记录本、照相摄像设备等。

知识：掌握查找并整理资料的方法。

3. 学生活动过程

（1）列出任务资源清单

探寻学校周边研学旅行资源，绘制路线图。我校周边大多数红色资源在30千米范围内，如綦江石壕红军桥、石壕红军烈士墓、红军村、红军洞、红一军团司令部旧址；渣滓洞就义烈士英雄江竹筠曾经工作地点，綦江麻柳滩綦江铁矿等。100千米范围内有綦江永城王良故居；"四度赤水"主战场贵州赤水土城等。

（2）制订前期调查计划

任务清单所列资源大多位于打通地区学校附近，最远不到30千米。学生代表在教师指导下通过前期实地探寻、调查、网上查询等方式，同时结合活动主题、兴趣爱好特长、发展需求等确定研学旅行活动项目、活动环节、绘制路线图等。

若实地前期探寻考虑到时间、经济等成本也可通过网上查询、电话咨询、教师专家介绍等方式制订活动方案、绘制活动路线。

学生活动：学生在教师指导下自主分组根据小组意见实地探测、网上查询，同时结合学生实情、需求等确定价值性、操作性比较强的活动路线。

教师指导：选择"资源菜单"要突出有兴趣、有价值、有创新、有操作性原则选择考察对象，活动实际开展过程中考虑到安全性、开放性、连续性等因素，活动计划制订要周全、灵活、及时优化。

（3）组建活动团队

研修课题名称							
研修导师							
团队成员分工	姓名	性别	班级	兴趣爱好	特长	联系方式	QQ

要求：

根据规划路线，确定研修项目，结合兴趣爱好特长需求等组建团队、优化团队，每个团队人数不宜多于6人。以志同道合为原则，鼓励学生跨领域、跨学科、跨班级参与团队活动。

团队组建以活动工作内容为依据搭建工作分工系列：研修团队负责组长、研修项目方案设计、安全预案设计、摄影摄像、采访设计主持记录、文献查阅、问卷设计发放回收、信息技术、传媒宣传、成果展示、日记手抄报社会实践活动等。

学生基于自身兴趣特长需求组建团队，不断优化团队，容易让学生在团队活动中找到自我，使自己的个性特长、实践能力、服务精神和社会责任感不断获得发展。

搭建综合实践活动平台，拓宽学生发展空间，以提升沟通合作交流核心素养能力为契机，培养学生的组织能力、领导能力。

（4）讨论制订活动方案

综合实践活动"重走长征路·传承红色基因"研学旅行
研究方案制订（讨论提纲）

研究课题名称	重走长征路·传承红色基因		主持人	
课题成员			记录人	
指导教师			时间	
			地点	
序号	讨论问题		发言内容	备注
1	课题研究重点？			
2	用什么方法研究？			

（续表）

序号	讨论问题	发言内容	备注
3	需要哪些指导？		
4	哪里（教师、父母、工人师傅等）获得指导？		
5	需要哪些帮助？		
6	哪里（学校、家庭、社区等）获得帮助？		
7	预计有哪些困难，能解决吗？		
8	你可以做什么？		
9	建议同伴做什么？		
10	预计有哪些成果？		

综合实践活动"重走长征路·传承红色基因"研学旅行活动方案开题报告

研究课题名称		内容领域	
课题成员		项目主持人	
指导教师		时间	
		地点	
序号	报告要求	开题报告内容	备注
1	如何提出问题？		
2	课题研究的目的与意义？		
3	课题研究的步骤？		阶段＋时间＋任务
4	课题研究成员及分工？		
5	完成课题研究的保障措施？		
6	预计成果？		
7	成果形式？		调查报告、实验报告、研究论文、发明创造实物、电脑作品等
8	成果表现方式？		研究报告、表演、汇报等

综合实践活动"重走长征路·传承红色基因"研学旅行活动方案

研究课题名称		主持人	
课题成员		记录人	
指导教师		时间	
		地点	
序号	方案名称	方案内容	备注
1	课题研究的目的与意义		
2	课题研究的步骤		
3	课题研究成员及分工		
4	完成课题研究的保障措施		
5	成果形式		调查报告、实验报告、研究论文、发明创造实物、电脑作品等
6	成果表现方式		文字、图片、实物、音像资料等

4. 教师指导活动

（1）制订活动调查计划

学生活动：学生以小组为单位，根据团队成员需求内容进行讨论确定活动内容主题、调查方法、调查准备、安全预案等，并根据小组成员兴趣、特长等具体分工，制订活动计划，上交指导教师审查。

教师指导：教师介绍研学旅行活动路线基本情况，主要有活动主题、活动目的、活动环节、活动评价、活动安全等。学生根据指导教师的介绍、利用网络等查找相关资料，制订调查计划。若有可能，可以让学生带着问题，考察时及时调整计划。

（2）活动方法之采访指导

学生根据各小组不同的调查内容列出调查事项，模拟情景，开展采访演练，提高采访能力，为实际采访做充分准备。指导教师对各组的提问、录音、拍照等人员安排进行指导。

（3）活动学科融合指导，运用学科知识解决问题，思考活动与哪些学科相关、能否解决？涉及未学学科、未知领域、探究方法等，需要在老师指导下通过专业老师、专业人士等予以前置性指导。

（4）编制研学旅行手册、安全手册等

研学旅行手册是学生参与活动、整理资料、形成成果最基本资料，主要内容有活动主题、活动路线、告家长承诺书、学生安全、活动研修团队成员资料、问题罗列、采访调查设计、活动记录、活动评价、活动资料介绍等。

六、课程活动之实施阶段："重走长征路·传承红色基因"研学旅行活动

面对丰富的红色文化资源，每一个学生、每一个小组对主题的切入、路线的选择、环节的安排有选择的自由，因而不同的研学旅行团队呈现的报告也是异彩纷呈。

附研学旅行活动案例：

"重走长征路·传承红色基因"

（一）研学旅行课程内容

阶段、时间		地点	内容	主要任务	备注
行前准备	行前1~2周	教室录播室电脑室	与红色文化相关的知识储备	1. 通过查阅相关文献，初步了解中央红军过境綦江基本情况。 2. 制定研学旅行线路。 3. 问题汇总。 4. 组建小组（取组名），研学誓词。	4课时
行中指导	2019年9月22日	从学校到红军桥、烈士墓	历史景观及自然景观	1. 行前宣誓。 2. 重点参观红军桥遗址、烈士墓、陈列室等。 3. 随机采访附近村民。 4. 体验活动：邀请陈列室讲解员介绍历史、举行哀悼仪式、献花、学生代表讲话等。	6课时
	2019年10月20日	学校到綦江王良故居、綦江历史文化长廊	自然景观及人文景观	1. 考察王良故居、綦江历史文化长廊。 2. 考察綦江农博园。 3. 体验游戏：飞夺泸定桥。 4. 随机采访。	6课时

（续表）

阶段、时间		地点	内容	主要任务	备注
行后总结	行后1周内	教室电脑室录播室	研学总结交流评价	1.整理研学日记、手绘线路、手抄报等。 2.收集精彩图片，整理精彩故事。 3.小组撰写研学总结、物化研学成果。 4.展示交流评价。	6课时

三个阶段跨度3个月，共18学时。

（二）研学旅行活动实施阶段

1.活动清单

初拟活动主题、活动地点、活动路线

（1）活动主题：重走长征路·传承红色基因。

（2）活动地点：重庆市綦江区打通镇石壕红色基地、綦江区永新镇王良故居。

图 1-2-1　行前活动规划、团队组建

（3）活动线路：基于路程、时间等因素分两阶段实施，第1期：綦江区打通中学—石壕红军桥—石壕红军烈士墓；第2期：綦江区打通中学—王良故居—农博园—綦江主城红色历史文化长廊。

2.团队组建及活动规划

第一次集中研讨：王鹏和焦文静等同学对此次研学活动感兴趣的同学进行活动小组的组建、制订活动的基础方案和成员分工。（图1-2-1）

李星、王钰霖等同学线上线下收集此次研学活动的资料。陈晓梅、李霞同学规划研学路线。王鹏、陈晓梅、焦文静同学认真地为此次研学活动制作 PPT 及 Word。（图1-2-2）

图 1-2-2
行前活动规划路线

3. 具体实施过程

（1）第一站——红军桥

地点	时间	旅行方式	研学路线	研学方式
红军桥	2019 年 9 月 22 日上午 9:30	徒步	打通中学至红军桥附近	查找文献法、采访、实地考察法

地点：石壕镇红军桥

历史：红军桥原名"两河口桥"，1935 年 1 月 12 日红军长征经过该桥，后人为纪念红军将此桥改为红军桥。

地点：红军桥桥头

活动：采访桥头居民

过程：通过采访老人，了解到红军桥见证了红军长征过綦江的这段历史，也见证了红军严明军纪，红军长征到綦江为四渡赤水创造了宝贵战机，保证了遵义会议的顺利召开。

图 1-2-3　研修进行时：学校行前集中

图 1-2-4　重走长征路

图 1-2-5　研学小组指导教师讲解

图 1-2-6　研学小组对碑文描红

图 1-2-7　研学小组采访红军桥旁老人

图 1-2-8　研学小组与石壕红军桥合影

（2）第二站——红军烈士墓

地点	时间	旅行方式	研学路线	研学方式
红军烈士墓	2019 年 9 月 22 日上午 10:30	徒步	红军桥至红军烈士墓	文献法、实地考察法、采访法

地点：石壕镇红军烈士墓

活动：敬献花圈组织哀悼烈士活动；采访园区管理人员、历史见证者等。

过程与体会：通过采访，了解到 1935 年 1 月下旬，红一军团直属队和第一、第二师 8000 多人，由贵州桐梓到松坎经綦江到达石壕，打土豪，斗恶霸、为百姓送粮送衣、平整道路。后来红军进军贵州赤水，收尾部队遭敌人包围，战斗中一名红军牺牲，司务长被捕后坚贞不屈英勇就义，另外三名红军战士伤势过重牺牲，直至现在也没有找到这五位红军的名字，他们的事迹看似平凡，壮举却永垂不朽，值得学习！

图 1-2-9
研学小组向石壕红军烈士纪念碑敬献花圈

图 1-2-10
研学小组在石壕红军烈士纪念碑前默哀

图 1-2-11

管理人员在石壕红军烈士纪念碑前为学生介绍中央红军过境重庆石壕历史经过

图 1-2-12

研学团队成员代表在石壕红军烈士纪念碑前发言

图 1-2-13

研学团队成员采访园区管理人员

图 1-2-14

研学团队成员在中央红军经过之地石壕老街采访亲历者

图 1-2-15

研学团队部分成员合影

（3）第三站——王良故居

地点	时间	旅行方式	研学路线	研学方式
王良故居	2019 年 10 月 20 日下午 3:00	乘车、步行	打通中学至王良故居	文献法、实地考察法

地点：王良故居位于綦江永城镇

历史：王良生前系红军建军初期著名将领、红四军军长、骁勇善战屡建奇功，1932 年 6 月 13 日王良率红四军回根据地途中亲往观察敌情，不幸遭暗枪射击，中弹牺牲，终年 27 岁。

活动：收集资料，采访管理人员及游客。

体会：王良故居陈设考究体现王良先生家境殷实，但先生却舍小家为大家，这份为实现民族复兴不惜献出自己生命的精神值得我们学习。

体会：参观的游客当中有多位年过半百的老人，通过采访他们同学们了解到，老人们对新中国成立 70 年前后翻天覆地的变化激动不已，不由得让我们对中国共产党领导人民取得如今的成就心存感激！

图 1-2-16
研学团队成员徒步到达王良故居

图 1-2-17
研学团队成员参观王良故居

图 1-2-18
研学团队部分成员于王良故居前合影

（4）第四站——綦江农博园

地点	时间	旅行方式	研学路线	研学方式
綦江农博园	2019 年 10 月 20 日下午 5:30	徒步	王良故居至农博园	实地考察法、文献法

活动：参观采访綦江农博园、体验活动"飞夺泸定桥"游戏活动。

过程：同学们开展了"飞夺泸定桥"的活动，让大家感受到了当年红军革命斗争的艰辛。

体会：农博园展示了今天来之不易的幸福生活，也应该更好珍惜当年红军为现在生活的无私付出。

图 1-2-19
研学团队成员参观綦江农博园

图 1-2-20
研学团队成员采访綦江农博园管理人员

图 1-2-21
研学团队成员在綦江农博园体验生活

图 1-2-22
研学团队成员认真做记录

图 1-2-23
研学团队成员观察特色种植园

4.整理资料，形成报告

（1）第二次集中研讨

第二次集中研讨我们主要是为了对此次活动所收集到的内容进行整理和完善报告。

体会：第二次集中研讨，我们对活动的资料进行了整理，把我们在研学旅行活动中所听见的看见的故事及视频图片等整理，通过此次研学旅行我们更加了解了本地红色文化、红色精神。（图1-2-24）

（2）"重走长征路·弘扬红色文化"主题班会

通过主题班会我们还从同学们的讨论中关注了现在的香港问题。

从这些事可以看出他们的爱国意识薄弱，应当加强爱国主义的宣传，特别是青少年容易被迷惑，加强人民及青少年的爱国主义教育，刻不容缓！（图1-2-25）

图1-2-24 研学团队成员进行资料整理

图1-2-25 研学团队组织主题班会

（3）体会心得

①此次研学旅行活动，从我们这个小团体的建立、到制订计划和实施，都极大地锻炼我们的实践能力和团队协作能力。

②在活动中，培养了我们的实验观察能力、动手动脑能力，以及科学探究能力，为我们的红色文化传承出一份力。

③通过研学旅行，我们知道了红军先烈们为祖国和平所做出的牺牲，我们感受到了现在的安稳生活和学习都来之不易，希望通过更多类似活动来唤醒人们的爱国感情。

④存在问题：前期对旅行地点的调查资料不够，计划不够详细。小组成员安全意识有一些欠缺，在旅行中有掉队现象。

綦江南部山区地理研学旅行课程设计

指导教师：王泽安

活动主题	古今沧桑·綦南风采	活动地点	綦江区打通镇、石壕镇、贵州桐梓县尧龙山镇
活动对象	高一、高二学生	活动时间	2天

綦南山区地理研学旅行时间线路安排（仅供参考）

第一天　以綦江出发为参考　　　　　　第二天　从打通出发

起止时间	地点及研学内容		起止时间	地点及研学内容
7:00—8:00	綦江—麻柳滩		8:00—8:10	打通—断桥
8:00—8:10	远观麻柳滩小火电厂遗址		8:10—8:20	了解小罗铁路和断桥历史
8:10—8:20	麻柳滩—小渔沱		8:20—8:30	断桥—石壕镇
8:20—8:30	参观蒸汽机车景观		8:30—9:00	参观石壕红军烈士墓
8:30—8:40	小渔沱—双坝村		9:00—9:20	石壕镇—红军桥
8:40—9:30	考察盘谷漂流基地		9:20—9:20	参观红军桥
9:30—9:40	双坝村—双溪机械厂		9:20—9:40	考察喀斯特塌陷谷
9:40—12:00	考察双溪机械厂		9:40—10:30	考察两个梯田景观
12:00—13:00	打坝场农家乐午餐		10:30—11:00	到达尧龙山
13:00—14:30	双溪机械厂—水洞	①组	11:00—12:00	考察尧龙山的地貌、植被及气象
14:30—16:00	考察水洞	①组	12:00—12:20	尧龙山—茅坝坪
16:00—17:30	水洞—打通镇	①组	12:20—13:30	茅坝坪午餐
13:00—14:00	双溪机械厂—干河沟	②组	13:30—14:00	参观茅坝坪（化石地板）
14:00—16:00	考察干河沟	②组	14:00—14:20	茅坝坪—尧龙山镇
16:00—17:00	干河沟—打通镇	②组	14:20—14:40	参观尧龙山地质公园
13:00—14:00	双溪机械厂—吹角坝	③组	14:40—15:10	尧龙山镇—观音桥
14:00—15:00	考察孔明洞	③组	15:10—15:30	参观观音桥地质剖面

（续表）

起止时间	地点及研究内容		起止时间	地点及研学内容
15:10－15:40	考察天然气基地	③组	15:30－17:00	返回綦江
16:00－17:00	考察龙眼山矿泉	③组		
17:00－17:20	吹角坝—打通镇	③组		
19:00－20:00	夜游工业大镇打通镇			
20:10－20:40	小组交流，分享心得			

注：因为研学景点较多，所以可参照表中①②③进行分组研学，也可以选择其一进行研学旅行活动。

研学意义

綦江南部渝黔交界山区物华天宝、人杰地灵，但又岁月留痕、饱经沧桑，带领学生开展该地区的地理研学旅行，可以让学生从自然、人文角度了解一个地区的发展变化，研学过程涉及地质地貌、气象水文、植被土壤、工业农业交通区位、旅游开发等地理知识，还涉及历史文学、民族风俗、建筑艺术等领域知识，全方位培养学生的综合素养。

研学目标（图1-2-26）

图1-2-26 綦南山区研学旅行线路示意图

1. 观察双溪兵工厂旧址，分析我国"三线"建设时期的工业区位、60年代铁路交通区位，培养学生区域认知和综合思维能力。

2. 通过观察干河沟水量变化，分析喀斯特地区地表水与地下水的相互关系，探究河床干涸原因，培养学生地理实践力。

3. 走进三国时期蜀汉屯兵地、长征时期红军经过地，探寻岁月留痕，浸染红色文化，传承民族精神。

4.走进尧龙山，观察峡谷地貌、山腰梯田、山巅云海、广场古生物遗迹，分析内外力作用对地表形态的影响，以及自然地理环境对人类活动的影响，培养学生的综合思维能力。

研学准备

知识储备：高中自然地理"地球上的水""地球上的大气""地表形态的塑造""自然地理环境的整体性和差异性"等章节知识。高中人文地理有关"工业区位及其变化""农业区位及其变化""交通区位及其变化""旅游资源开发条件评价"等知识。

研学工具：地质锤、罗盘、风速仪、风向仪、岩石硬度计、酸碱度试纸、稀盐酸、无人航拍器等。

背景知识

綦江南部渝黔交界山区属新华夏系第三隆起带之川鄂湘黔隆起带西缘，古生代显著凹陷，中生代显著隆起，到三叠系末期（约在 2 亿年前），印支运动使古生代地层大片出露，构造复杂。含煤地层为二叠纪龙潭组。区内，石灰岩、页岩、砂岩广布，页岩层中有较为丰富的页岩气。该地区处于四川盆地与云贵高原的过渡地段，有贵州大娄山余脉分支，地势南高北低，西高东低。

该地具有典型的亚热带季风气候。早春、气温变化大；初夏梅雨季节多阴雨，盛夏炎热，光照强烈，强对流天气频繁，局部风雹雷电灾害多，若副热带高压控制则有伏旱；秋季光照少、秋雨绵绵的天气多；冬暖，日照少，湿度较大、云量多，但降水少。该地发育有亚热带常绿阔叶林、落叶阔叶林和针阔混交林，植被茂密，森林覆盖率高，为野生动物繁衍栖息提供重要场所。

该地区属长江流域，河流属綦江水系上源，流程短，有盲河、地下河、干河床分布，河谷狭窄，崖阶显著，基岩裸露，大雨后有瀑布高悬。区内有紫色土、黄壤、石灰岩土、潮土，以及河谷中的熟化土壤水稻土等。

研学过程

往事回眸·三线军工

一、背景材料

抗战时期，国民政府在大后方重庆组建七大兵工厂，在此背景下，1939 年，綦江打通镇张家坝安置了从广西柳州迁来的第四十兵工厂，它为夺取抗战胜利做出了很大贡献。抗战胜利后，工厂迁走。

20 世纪 60 年代，国际形势严峻，新中国出于战备考虑，将很多军工企业建在靠山、分散、隐蔽的"三线"地区。

地处喀斯特地貌区，山高谷深、暗河溶洞众多的张家坝再次成为军工企业的首选，很多车间就建在洞厅——最大又最高，需要铺设百米缆车才能抵达的 1 号天然大溶洞。

双溪厂曾招过几次工，最多时厂里有 2800 多名工人。其他一些厂房车间，以及所有办公楼、家属楼、学校、医院、邮局、粮站、菜站、百货公司等，要么依山势建在山地、坡地上，要么建在沟谷之中。据说职工家属一年中总有一些季节，担心什么自然灾害发生。（图 1-2-27）

图 1-2-27　双溪机械厂遗址

20 世纪 80 年代以后，随着国际形势的好转，深山中的工厂生产经营举步维艰，人员大量外流。1988 年，双溪机械厂整体搬迁，完成了历史使命。

不过，也有留守人员。当年一个绰号叫"小炮弹"的人，就看好当地的自然风光和现成的大量房屋，开起了"打靶场"农家乐，生意很不错！

注：一线地区为沿边沿海的前线地区，二线地区是一线地区与京广铁路之间的地区的东半部，三线地区指长城以南、广东韶关以北，京广铁路

以西的广大地区，当时的云贵川（包括重庆）以及陕甘宁青为"大三线"。

二、研学任务

到达双溪机械厂遗址后，先熟悉厂区的环境，师生在保证安全的前提下，可以关注厂区的建筑特点，留意当年留下的标语或宣传栏，还可以沿山路向上，走进1号大溶洞（当年主要的军工车间），感受当年军工生产的艰难和先辈们的奉献精神，还可以通过无人航拍器，对整体厂区进行观察、巡视、拍照、录像，收集研学资源。

1.通过观察，结合背景材料分析20世纪60年代，军工企业双溪机械厂选址张家坝的因素有哪些。

2.通过实地踏勘，结合当地自然条件，分析当年职工家属担心的自然灾害可能有哪些。

3.探究分析，促使双溪机械厂整体搬迁的原因有哪些。

4.通过采访和观察，作为工业遗址，你认为它还有哪些利用价值。

三、拓展探究

1.观察麻柳滩火电厂遗址，分析小火电厂废弃的原因。

2.近距离观察小渔沱蒸汽机车，思考蒸汽机车退出历史舞台的原因。（图1-2-28）

3.盘谷漂流基地位于重庆綦江区打通镇双坝村境山峡谷之中，这里山清水秀，竹海层峦叠嶂，青竹遍布，绿浪起伏，群峰耸立，沟壑幽深，飞瀑蒸腾，

图1-2-28 小渔沱蒸汽机车

图1-2-29 双坝盘谷漂流滑道

溪水欢腾，清流潺潺。该处漂流采用新一代"极速滑水漂"，漂流道经专家精心设计，尽量保持原始风貌，蜿蜒崎岖，高低起伏，时而惊涛拍艇，时而飞流直下，更有古桥、石洞悬于水上，让人震撼；百米绝壁飞瀑，恰似人在水中漂，如在画中游；皮艇还会从翠绿的竹海中穿过，片刻宁静之后的激情碰撞，惊险而刺激。

考察盘谷漂流基地，分析该漂流项目遭半途而废的可能原因。（图1-2-29）

岩溶奇观·干河沟探秘

背景资料

干河沟景点有两处：水洞景点和干河沟裁弯取直景点。水洞景点在下游两千米。

干河沟裁弯取直是与煤矸石倾倒场工程同时建设的。长久以来，干河沟的河水向北流到这里，遇到坚硬石灰岩山体的阻挡，拐了个弯，向东、向北、再向西北流。2005年，当时的松藻煤电公司将此弯曲的河段选作井下煤矸石的倾倒场，于是开凿新河道。

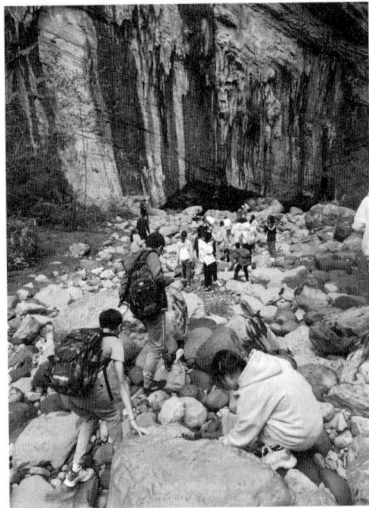

图1-2-30 干河沟盲河考察

新河道实际上是一段地下河，在天然溶洞的基础上扩宽加固，并凿穿岩体而成，干河沟的水从此通往下游。不过，因新河道中有漏斗或落水洞，出口水量比入口水量小了很多，甚至出口干涸。原河段两端切断垒高，中间的天然峡谷，就成了倾倒煤矸石的场所。10多年过去了，煤矸石已堆成山谷中的小山。

水洞景点在裁弯取直工程下游。在这里，少量干河沟河水流入一个巨大的洞厅，消失了。大水洞东侧有一个比水洞河床高20米的古河床。

【研学任务一】观察干河沟裁弯取直工

程出口，再用无人航拍器观察煤矸石堆放场和裁弯取直工程的入口，对比入口水量与出口水量。观察石灰岩山体上不同高度溶洞口。分析当地居民称这条河为"干河沟"的原因，溶洞的高低与形成的时间先后有无关系。（图1-2-30）

【研学任务二】调查水洞景点，用无人航拍器观察废弃河床和现在河床的位置差异，用酸碱度试纸测河水的酸碱度，用稀盐酸测岩石成分。回答：

水洞高低两个河床是如何形成的？干河沟为什么会成为盲河？

【研学任务三】走进气势宏大的水洞地下河洞厅，观察洞壁和洞窟的走势，聆听洞窟深处的轰轰水声，师生可以在此拍摄洞窟图片、目测洞窟高度和宽度、观察洞窟水流特点。

三国烽烟·吹角连营

一、背景资料

三国时期，贵州一带的牂牁郡守叛乱，诸葛亮在南征途中派部将马忠前往平叛。马忠屯兵于四面环山的吹角坝，操演练兵，吹角连营，"吹角"因此而得名。双狮山下的孔明洞中，还曾留有建安古碑。如今，重建的吹角亭、车马营、栈道、八阵图及孔明洞中的三国人物塑像、诸葛亮南征和马忠人物相关文献依然能激起游人的兴致。

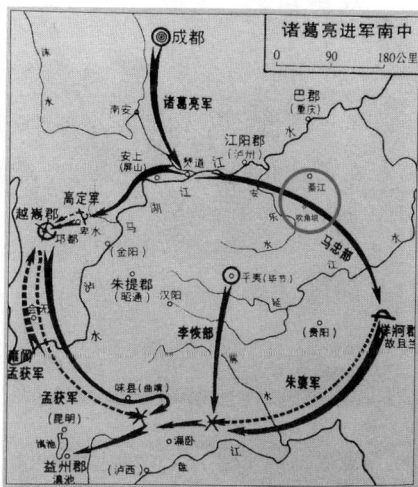

图 1-2-31 诸葛亮南征示意图

吹角坝往南延伸到大罗山下的地方，有个龙眼山泉眼，泉水源源不断地涌出。经过山腰砂岩层的过滤，龙眼山矿泉水质优良，过往游人都要尝尝那回味甘甜的矿泉水。（图1-2-31）

二、研学任务

1.观察吹角坝的地形地貌、农田分布、水源等条件，猜测马忠当年选择吹角坝屯兵的原因。

2.观察龙眼山泉及周边环境，分析龙眼山泉水源稳定、水质好的原因。

三、拓展探究

吹角坝有两处天然气井，东侧山上的气井已经建成天然气发电站，且并入国家电网向外输送电能，然而，西侧山下每天可产气3000~4000立方米的气井，如今却封井废弃了。

就地采访有关人员，了解两处气井有不同命运的原因。

岁月留痕·红色记忆

一、背景材料

1959年，为了实现打通镇平洞铁矿的资源外运，万余民工历时3年，修筑了小罗铁路（从小渔沱到平洞铁矿）的铁路路基。但是在1962年，该工程在国民经济调整中下马，半途而废。小罗铁路的断桥遗址如今仍然存在，似乎在述说着当年的岁月故事。

二、研学任务

观察小罗铁路断桥遗址，结合交通区位方面的知识，分析：一条铁路工程半途而废的原因可能有哪些。

图1-2-32 红军途经石壕敌我对峙示意图

1935年1月21日，中央红军红一军团8000余人，在周恩来、董必武及军团参谋长左权等率领下，从贵州松坎出发，途经箭头垭、"红军桥"，到达綦江石壕场。红一军团大部队驻在石壕场周边地区，军团领导机关及部分红军在石壕老街宿营。红军在石壕驻扎了两天，实现了战略意图，然后经梨园坝到达贵州温水、习水，开往赤水。红军经过石壕过程中，有5位红军牺牲，长眠于此。（图1-2-32）

三、研学任务

参观红军烈士墓雕像、碑林、陈列室、纪念碑及红军桥，听烈士墓讲解员讲解，结合当年的红军长征线路图，从红军经过地区的地形、气候、人口、民族、经济等角度，分析理解当年红军不畏艰险、吃苦耐劳、勇往直前的长征精神。

物华天宝·尧龙览胜

一、背景材料

贵州桐梓县北端，有一条南北延伸数十千米的山脉。这里诸峰突起，山脊众多，沟壑纵横，好似万千游龙，朝拜和拱卫着主峰，极尽尧尧之貌，故名尧龙山。尧龙山古生代石灰岩、页岩广布，因抗侵蚀能力不同。有的地方山体陡峭巍峨，峡谷幽深崎岖，自然景观浑然天成。山体海拔1000多

图1-2-33 喀斯特塌陷谷

米，最高峰1795米，可以接纳来自海洋的水汽，因而降水充沛，植被茂密。而在山腰地带，则层层梯田镶嵌在农舍青山间，有"玻璃山庄"的美誉。（图1-2-33）

二、研学任务

1. 观察喀斯特塌陷谷，推测塌陷谷的形成过程。

2. 观察梯田景观，思考梯田与地形等高线的关系，分析山区梯田耕作方式

的好处。（图 1-2-34）

图 1-2-34　尧龙山梯田

图 1-2-35　尧龙山的迎风坡和背风坡

3. 在尧龙山山脊,用风向仪、风速仪测一测风向风速,观察东西坡的云量(天气)、能见度、植被、坡度等方面的差异,分析东西坡云量差异及原因。(图 1-2-35）

4. 观察瑞峰寺的位置,从地理角度分析瑞峰寺选址的科学性。

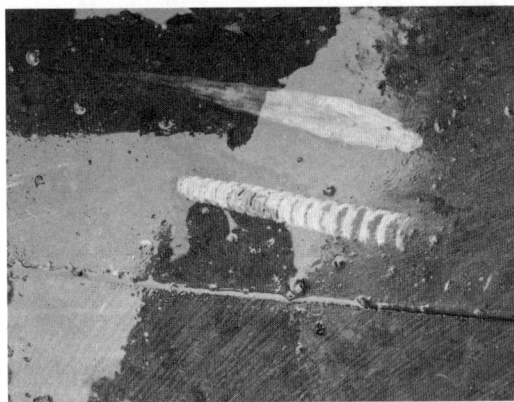

图 1-2-36　茅坝坪化石地板

5. 在茅坝坪广场,观察广场上的地砖,会发现这些就地取材的石灰岩地砖上,居然有许多化石显现。古生代地层的沧桑变化在 1000 多米尧龙山留下了丰富的角石、菊石、石燕等化石。师生可以在广场周边岩石上进行搜寻,看谁先找到类似广场地砖上的化石。(图 1-2-36）

6. 走进尧龙山镇(天坪乡)地质公园,欣赏石牙、溶沟等喀斯特地貌的微缩景观。分析喀斯特微型景观形态各异的原因。

三、拓展探究

在 210 国道线旁，重庆市綦江区安稳镇崇河村与贵州桐梓县尧龙山镇相接的地方，有一座两省交界碑。界碑上题字为 1946 年 2 月时任贵州省省长杨森题写的"贵州省北界"。在离省界碑 2 千米的重庆市綦江区崇河村观音桥 210 国道线旁还有一处"志留系整合奥陶系"碑。地质上，把沉积作用连续进行，沉积物依次堆叠，产状完全一致两套地层的接触关系称作整合关系。观音桥的志留系与奥陶系的整合接触关系非常典型，地层分组中著名的"观音桥组"就由此得名。每年都有好几批国内外地质专家、大学相关专业师生前来实习、考察。（图 1-2-37、图 1-2-38）

图 1-2-37 志留系整合奥陶系碑

图 1-2-38 志留系整合奥陶系地层

四、研学任务

1. 观察界碑，采访界碑附近的居民，举例说明区域明确界线和模糊界线。
2. 观察分析"志留系整合奥陶系"碑附近山体，找到一个好角度，拍一张反映志留系和奥陶系地层整合关系照片。比一比，看谁拍得好。

五、参考文献

［1］王泽安 . 我的地理之路 [M]. 长春：东北师范大学出版社，2019.

［2］刘刚.乌金打通［M］.长沙：湖南地图出版社，2015.

［3］王健.明珠安稳［M］.长沙：湖南地图出版社，2015.

［4］杨大怀.红色石壕［M］.长沙：湖南地图出版社，2015.

［5］陈正科.桥乡赶水［M］.长沙：湖南地图出版社，2015.

地方文化之旅

指导教师：吕文韬　白　静

一、提供任务清单

1. 历史文化资源：双溪兵工历史遗址、安稳兵站、吹角孔明洞等。

2. 红色文化资源：石壕红军桥、石壕红军烈士墓。

3. 企业文化资源：松藻火龙、煤矿、机修厂、矸子山等环境、产品特色。

4. 民俗传统餐饮资源：苗族民俗文化，墓碑文化，打通特色羊肉、豆花饭、蕨粑腊肉等。

5. 乡土资源：打通地质地貌植被人文资源。

（一）提出问题

1. "菜单"选择

根据综合实践活动"四有"（有兴趣、有价值、有创新、有操作性）价值理念选择任务清单中的考察对象，未列入任务清单研学考察对象同样可以选择；

2. 规划确定路线

学生前期踩点考察、规划、确定研学路线。

（二）问题解决

任务清单所列资源均为打通地区学校周边附近，最远不到 30 千米，学生大多熟悉。通过前期实地探测、调查、网上查询等方式，结合团队兴趣爱好、需求等规划路线、确定研学旅行研修项目。（见附录：打通地区研学旅行资源简介）

（三）设计意图

以发展乡村学生核心素养为初衷和出发点，以问题为导向，以促进学生沟通、合作等能力为目的，凸显"四有"价值理念。

1. 做有兴趣的研究

以乡村教育资源为基础，让研究走进生活，走进社会，做有兴趣的研究，激发学生参与的激情和主动性。主题开发上，学生善于捕捉和利用课程实施过程中生成有价值的问题。内容选择上，体现出学生自身发展需求，尊重学生的自主选择，扬长避短。

2. 做有价值的研究

综合实践活动课程研学旅行整个过程是一个系统工程，学生的管理、分析、主持、实践、信息技术运用等能力都充分得以体现。只要学生愿意参与活动，无论从哪个角度对学生都会大有裨益的，或学科知识的运用、策划能力的提升、沟通合作能力的加强、动手实践能力的提高等。

3. 做有创新的研究

创新是个人发展的基石，人无我有，人有我优，以创新取胜。

4. 做具有可操作性的研究

做身边能做的研究，关注学生环境，注重学生实际能力，具有可操作性，避免了眼高手低的情况，使高高在上的研究走近学生，产生零距离效果。

本问题设计体现如下意图：

1. 价值体认

通过探究体悟个人成长与家乡振兴发展的关系，了解家乡、热爱家乡。

2. 责任担当

通过了解家乡周边资源，能持续参与宣传家乡、参与社会实践活动，增强社会责任意识，形成主动服务家乡的情怀。

3. 问题解决

充分利用学生周边的资源进行探究，综合运用知识分析问题，用科学方法开展研究，增加零距离感觉，易于形成研究成果。

二、学生组建团队

要求：

1. 每个团队人数不宜多于 6 人

2. 确定研学旅行研究主要对象

3. 根据兴趣爱好、特长、需求等组建团队、优化团队

（一）提出问题

根据规划路线，确定研修项目，结合兴趣爱好特长需求等组建团队、优化团队。

研修课题名称							
研修导师							
团队成员分工	姓名	性别	班级	兴趣爱好	特长	联系方式	QQ

（二）问题解决

以志同道合为原则，鼓励学生跨领域、跨学科学习，跨班级参与团队活动。

团队组建以活动工作内容为依据搭建工作分工系列：研修团队负责组长、研修项目方案设计、安全预案设计、摄影摄像、采访设计主持记录、文献查阅、问卷设计发放回收、信息技术、传媒宣传、成果展示、日记手抄报社会实践活动等。

（三）设计意图

学生基于自身兴趣特长需求组建团队，不断优化团队，容易让学生在团队活动中找到自我，使自己的个性特长、实践能力、服务精神和社会责任感不断获得发展。

搭建综合实践活动平台拓宽学生发展空间，以提升沟通合作交流核心素养能力为契机，培养学生的组织能力、领导能力。

三、制订活动方案，编制研学手册

（一）提出问题

第一个问题设计：

将纸质或电子"致家长函"与家长沟通，取得家长理解、支持和帮助。

附：致家长函

尊敬的家长：您好！

为贯彻国家中长期教育改革和发展规划纲要，根据教育部、重庆市教育委员会《关于推进中小学生研学旅行的意见》要求，为全面实施素质教育，深化基础教育课程改革，让学生能在旅行的过程中陶冶情操、增长见识、提高学习兴趣，全面提升学生综合素质，学校决定开展综合实践课程学习探究之研学旅行。

1.研学探究目标：

（1）了解家乡、热爱家乡，建设家乡。

（2）培养学生的观察能力、想象能力、创造能力。

（3）培养学生的动手能力、实践能力。

（4）培养学生独立思考、积极探索的习惯。

（5）积极发挥团队合作、主动交流、展示自我。

（6）增强团队纪律意识，培养领导力。

2. 研学对象：

3. 研学路线：

4. 研学重点：

5. 研学时间：

6. 研学形式：参观探究、摄影、问卷、采访等

《　　　　　》基本信息

学生姓名	性别	身份证号码	详细地址	有无影响研修活动的病史（心脏病、传染病、癫痫等）
学生联系方式			QQ、微信	
家长姓名			联系方式	

同意参加本次课程活动的家长，请在下面"家长意见"栏填写：本人同意孩子参加本次研学旅行活动课题，明确上述要求及安全注意事项。

家长意见：　　　　　　　　家长签字：

年　月　日

第二个问题设计：编制研学旅行手册

1. 研修题目

2. 研修对象

3. 研修目标

4. 研修探究内容

（1）前期准备

①围绕研修对象探究，提出问题、梳理问题，将有价值问题上升为课题研究；

②学科融合，运用学科知识解决问题，思考：与哪些学科相关？能否解决？

③前置性指导：涉及未学学科、未知领域、探究方法等，需要在老师指导

下通过专业老师、专业人士等予以指导。

（2）活动方案

小组成员				组长	
成员分工				安全组长	
活动时间		活动路线		活动地点	
活动内容一			调整	负责人	
活动内容二			调整	负责人	
活动内容三			调整	负责人	

小组活动采访稿

采访对象		问题		
姓名		回答：		
性别				
年龄				
备注	采访设计		主持	
记录人		摄像、照相		

（3）活动内容

研学旅行活动记录（一）

时间	地点	研修对象	团队负责人	研修导师
研修内容		问题罗列		
个人感悟				

研学旅行活动记录（二）

时间	地点	研修对象	团队负责人	研修导师
研修内容		问题罗列		
个人感悟				

（4）活动资料（车票、门票、景区介绍图片、过程图片等）

（5）日记手抄报

（6）研修活动评价

研修活动评价							
学校：		年级：	姓名：		总评价等级：		
评价项目		评价标准	评价结果（5分）			意见或建议	
			自我评价	小组评价	导师评价		
时间观念	守时	能否按时集合、参观、乘车					
	出勤	是否无故缺席					
专注学习	学习态度	是否端正					
	学习准备	是否充足					
	学习过程	能否及时记录					
	合作学习	能否积极与组内成员合作学习					
	小组交流	能否与他人交流分享					
纪律意识	服从管理	能否服从组长管理					
	听从指挥	能否听从老师指挥					
	规范参观	能否按照安排有序参观					
文明礼仪	乘车	是否文明					
	参观	是否文明					
	礼仪	是否注重规范					
团队意识	组织	能否积极参与团队活动					
	交流	能否积极参与小组交流活动					
	协作	能否与团队成员互助协作					
研修成果	原创	成果原创性					
	形式	形式新颖性					
	主题	主题鲜明性					
	内容	内容丰富性					
	交流	交流广泛性					

（续表）

评价项目	评价标准	评价结果（5分）			意见或建议
		自我评价	小组评价	导师评价	
小计					
合计					

注明：本表各项分值最高为5分，总分300分。240分以上为优，210~239分为良，180~209分为合格，180分以下有待改进。

（二）问题解决

按照研学旅行活动方案组织实施，及时组织相关学科老师等予以指导，督促研学团队根据方案有序开展，及时收集资料完成研学手册。

（三）设计意图

在我国城乡教育发展不平衡、区域教育发展差距大的背景下，农村学校丰富的自然资源、古朴的风俗习惯、独特的地质现象、丰富的农产品等独特研学对象为城镇学校所没有的，可另辟蹊径在农村学校开展综合实践活动。研学旅行从不同角度切入，最大限度贴近学生最近发展区进行多学科融合式探究，不仅学习内容不再分割、学习思维不再断裂，更能激发学生研究潜能、培养创新意识、提高实践操作能力，增强学生核心竞争力。

本问题设计体现如下意图：

1.价值体认

通过亲历社会实践，参与红色之旅、历史文化之旅、家乡民俗之旅、企业文化之旅等，加深有积极意义的价值体验，增强根据自身兴趣专长进行生涯规划和职业选择的能力。

2.责任担当

观察家乡丰富的自然、人文资源，围绕家乡的振兴开展服务活动，关注家乡振兴过程中存在的乡村文明建设、居住环境等问题，增强社会责任意识。

3.问题解决

能对个人感兴趣的领域开展广泛的实践探索，用文献查阅、采访问卷、实验验证等科学方法开展研究，将学科知识融入研学过程中，既能让学科学习走进生活，又能促使对学科学习态度的转变。研学旅行过程中，沟通交流合作也得以充分体现。

4. 意识形成

积极参与研学线路前期考察、前期准备、方案制订、手册编制、成果梳理与展示等实践活动，综合运用各种技能解决过程中的复杂问题，形成学习意识，提高综合解决问题的能力。

附录：打通地区研学旅行资源简介

1. 历史文化资源

双溪兵工历史遗址、安稳兵站、吹角孔明洞等。

2. 红色文化资源

石壕红军桥、石壕红军烈士墓。

3. 企业文化资源

松藻火龙、煤矿、机修厂、矸子山等环境、产品特色。

4. 民俗传统餐饮资源

苗族民俗文化，墓碑文化，打通特色羊肉、豆花饭、蕨粑腊肉等。

5. 乡土资源

打通地质地貌植被人文资源。

一、历史文化资源之双溪兵工厂遗址

1. 研修项目对象

双溪兵工厂遗址，距离打通中学 6 千米。

2. 研修方式

实地考察、访问、文献查阅。

3. 研修方向

价值与意义：研究兵工厂使我们从调查研究中了解到兵工厂的历史价值，了解它成立的缘由，让我们认识兵工厂在以前建立时的重要意义。重庆是山城，战时作为据点意义重大，兵工厂为何选址在此？了解这些可以使我们更深入地认识战争时期的历史，以及今后的发展方向。

4. 研修价值

走进生活，走进"历史"，历史中生活、历史中成长；了解家乡、热爱家乡、宣传家乡、回报家乡，增强责任担当意识；提升沟通合作能力；融入学科学习等。

5. 研修学科

政治、历史、信息技术、语文等。

6. 研修项目主要内容

对双溪兵工厂的历史和其中的文化、意义进行针对性的研究和调查。

（1）要对双溪地区的居民进行提问和调查。

（2）在打通地区的居民中选择性地去调查他们对双溪兵工厂的知晓状况。

（3）对兵工厂内部和机械设施进行了解。

（4）实地走访和观察，了解该地将来的发展方向。

7. 前期研修调查

（到兵工厂遗址踏勘）（图1-2-39、图1-2-40、图1-2-41、图1-2-42）

图1-2-39 兵工厂1号兵工洞

图1-2-40 溶洞兵工厂车间

图1-2-41 兵工厂引水溪

图1-2-42 兵工厂上山索道

8.前期调查结果

（1）双溪兵工厂的建造时间。

——1964年踩点，1965年正式建立。

（2）在抗战时期它起到了什么作用？

——是当时国民党最大的兵工厂之一，主要是生产各种重型武器，比如火箭炮、榴弹炮等。

（3）双溪兵工厂的选址意义。

——当时重庆重要的一大战时地区，建造在比较隐蔽的地方，并且当时重庆的流通速度较快，有许多在此的爱国人士掩护。

（4）双溪兵工厂的现在作用。

——在2015年砖厂倒闭，改为煤场，但由于现在煤场不景气，今年可能要关闭煤场，改为种植和养殖基地。

9.前期研修结论

双溪兵工厂的建立、衰落、转型是符合历史发展规律的，本时期的主题是和平。兵工厂的遗留厂房、防空洞、生产基地等经过改良发展形成养殖场、农家乐、探险游乐场、旅游开发等都是不错的。双溪这个现在看上去破败、衰老的面容经过本地人的努力一定可以重新焕发生机。

二、企业文化资源

简介：打通镇是工业强镇。境内有西南最大的动力煤生产企业——松藻煤电公司，年产煤500万吨。获国家专利的多元素磁化肥生产投放市场后，深受广大用户欢迎。另有发电厂、水泥厂、砖厂等企业。

（一）松藻火龙

1.研修对象

松藻火龙，距离打通中学28千米。

2.研修对象简介

20世纪80年代初，松藻人靠"铜梁龙"的明信片，自己琢磨制作龙。靠买来的光碟照着练。松藻人凭着顽强拼搏的精神，硬是将松藻龙舞出了松藻地区，舞到了驻地部队、舞到了綦江、舞到了重庆，参加了重庆市"三峡杯"龙狮比赛拿到冠军，倾倒山城，醉痴观众。河南义马矿务局多次派人到松藻来邀请舞龙老师去教授舞龙技术。当年打起的"铁水"那更是让松藻火龙享誉西南。

3. 研修价值

了解中国图腾龙文化和西南最大的动力煤生产企业——松藻煤电公司发展；体验学习舞龙表演，展示团队分工协作精神。

4. 研修方式：文献查阅、采访调查、职业体验等。

5. 研修涉及学科：历史、美术、体育、音乐、舞蹈、手工等。

（二）渝新能源有限公司机修总厂

1. 研修对象

渝新能源有限公司机修总厂，距离打通中学 3 千米。

2. 研修价值

参观近 10 个生产车间，了解机修厂工人工作环境，增加职业体验感；学习锻钢过程环节，参观各类产品，体会工匠精神；融入学科知识，体会其应用。

3. 研修方式

参观考察、过程体验如焊工、部门走访等。（图 1-2-43、图 1-2-44、图 1-2-45）

图 1-2-43	图 1-2-44	图 1-2-45
机修总厂介绍	参观机修总厂车间	机修总厂产品一角

4. 研修涉及学科

物理、化学、设计等。

（三）打通一矿煤矸石

1. 研修对象

打通一矿排矸立井，距离打通中学 3 千米。

2. 研修对象简介

重煤集团松藻煤电公司打通一矿 1970 年建成投产，在西南地区率先引进综合机械化采煤工艺,现设计年产量 150 万吨,矿井可采储量为 21 000 万吨,是重庆地区煤矿储量丰富、机械化程度高、生产调控能力强的动力煤生产矿井,到 2012 年矿井年生产能力可达 240 万吨。曾被原煤炭部确定为 15 个"现代化样板矿"之一,先后荣获四川省和重庆市安全生产先进企业、质量标准化矿井、文明单位等荣誉,有"西南一枝花"的美誉。

3.研修价值

参观工作环境,增加体验感;探究矸子石对环境的影响和开发利用。(图 1-2-46、图 1-2-47、图 1-2-48)

图 1-2-46 矿山矸子山　　　图 1-2-47 打通一矿排矸场　　　图 1-2-48 矿山煤矸石排矸架

4.研修方式

参观考察、文献查阅、部门走访。

5.研修涉及学科

地理、生物、化学、物理等。

三、红色文化资源之綦江石壕红军烈士墓、红军桥

1.研修对象

石壕红军烈士墓、红军桥,距离打通 8 千米。

2.研修对象历史简介

1935 年 1 月 7 日,红军攻克黔北重镇遵义城,进行休整。中共中央于 1 月 15 日至 17 日,在遵义召开了政治局扩大会议(遵义会议)。

为了保卫遵义会议的顺利召开,红一军团红一师在政委刘亚楼指挥下,攻克娄山关,于 1935 年 1 月 10 日,攻占了贵州省桐梓县城。随即,红一军团林彪、聂荣臻、左权等军团领导派先头部队继续向贵州新站、松坎和重庆綦江方向推进。1 月 15 日,红一军团一师二团在团长龙振文、刘瑞龙和政委邓华率领下，进驻素称军事要地的綦江县羊角乡（现属安稳镇）枫香树、大垭口、红稗土，扼守瑶龙山下川黔交界的酒店垭关隘，监视驻扎在川黔边境九盘子一带川军和贵州盐防军。1月21日，红一军团直属队及一、二师8000多人在周恩来、董必武及军团参谋长左权、政治部主任朱瑞等率领下，以一师作为前卫，二师作为后卫从松坎出发。经箭头垭（渝黔边境交界处，有一条20多户人家的小街，其大部分归贵州省管辖，小部分归重庆綦江管辖）和黑镜塘，进入川境（现重庆境内），经滴水桥、两河口和麻沟垭，到达綦江石壕镇。当日上午，红二团也奉命从羊角出发经箭头垭分路向石壕进发。21日下午，红一军团到达石壕。1月22日凌晨，红一军团从石壕出发经高石坎、梨园坝向贵州温水、良村、东隍等地进军赤水。

中央红军过綦江保卫了遵义会议的胜利召开，制造了红军主力攻打重庆的阵势，堵截了川军，摆脱了川军尾追计划，为后来的四渡赤水，完成红军战略性转移，创造了宝贵战机。

红军长征经过綦江，牺牲了5名战士。一名是红军司务长。在箭头垭场检查红军纪律，用银元兑换苏区纸币时，为掩护受伤红军战士突围，落入松坎盐防军手中，于次日在羊叉乡（现属石壕镇）茅坝坪坎下的小垭口处英勇就义。另有两名，是1935年二三月间在石壕李汉坝漆树坪农民李树清家牺牲的姓刘和姓浛红军重伤员，由李树清等掩埋在油港嘴岩洞前面。还有两名，是红军到达石壕时因伤势过重而牺牲的伤员。一名死于李汉坝的周家店子道旁，由农民王昌培等就地掩埋；一名死于石壕兴隆村，由当地农民杨玉林等将其生前所带军毯包裹遗体，掩埋于山疙瘩。

解放后，綦江人民念念不忘为了革命而在石壕地区牺牲的红军烈士。綦江县委和各级党组织十分重视中央红军长征过綦江的历史及长征精神这一宝贵精神财富的发掘，用以对全县广大党员和干部群众，特别是青少年学生进行革命传统教育。石壕红军烈士墓是为了迁葬红军长征经过石壕牺牲的5位红军烈士而修建的。1964年、1966年和1972年，石壕乡、羊叉乡的社教工作队和石壕区武装部，先后率领群众，将石壕乡境内的四名烈士遗骨集中迁葬在白果村，并在羊叉乡茅坝坪红军司务长掩埋处修建一座红军纪念碑。1976年、1983年，由市、县有关部门先后拨款，县委、县政府指定石壕区委、区公所负责，在石壕场附近的苗儿山麓修建了简易的红军烈士墓，将5位烈士的遗骨迁葬于此。1985年，石壕红军烈士墓经四川省政府批准，列为省级文物保护单位。1991年，在中国共产党诞生70周年之际，綦江县委、县政府集资394 000多元，征地8亩，对红军烈士墓重新整修和扩建：石壕红军烈士墓有长征诗碑、烈士墓地、烈士塑像、烈士纪念塔、烈士事迹陈列馆、题词碑林、红军宣传标语碑林等七部分。

走进烈士墓，就可以看见，与绵延的山脉相连的墓冢上竖立着5位红军的雕塑：一名挂枪背刀，神色严峻；一名扛枪凝视，似要随时投入战斗；一名背着背包、斗笠，弯下腰来系鞋带；其余两名则相互搀扶，在艰难地跋涉。重现了当年中央红军过綦江的情形，仿佛红军就在我们身边。

3. 研修价值

走进历史，充分利用红色资源浸润学生心灵，感受幸福生活来之不易；增强对家乡的荣誉感、自豪感，拥有爱家乡、建设家乡的情怀。

4. 研修方式

文献查阅、参观采访、纪念碑前宣誓诵诗。

5. 研修涉及学科

历史、政治、地理等。

四、打通地区传统美食餐饮休闲文化

1. 研修对象

传统美食餐饮休闲文化。

2. 研修对象简介

打通镇位于綦江区南部，距城区82千米，与贵州省习水县、桐梓县相邻，北与赶水镇相接，渝黔公路穿境而过。平均海拔高度900多米。

打通镇气候温和，属大陆性季风气候，四季分明，降雨量丰沛。自然资源丰富，盛产木瓜、香桂、板栗、烤烟等。传统美食有打通羊肉、豆花饭、蕨粑炒腊肉等。

打通地区休闲资源丰富。距离打通14千米有大罗红花湖休闲度假区。

大罗地区平均海拔1200米，气候温润宜人，全年平均气温15摄氏度，夏季平均气温27~28摄氏度；森林覆盖率达90%以上，原始森林面积多达12.5万亩，空气中负氧离子含量平均高达每立方厘米2628个，雷雨后高达每立方厘米8万~10万个，是距离重庆主城最近的"高山湖泊养生区"和负氧离子含量最高的景区之一，是綦江区负氧离子含量最高的养生区，是难得的天然氧吧，非常适合养生居住。

3. 研修价值

了解乡村特色资源，增强自豪感；深刻感受国家乡村振兴战略的价值与意义；为开发利用乡村资源，振兴乡村出谋划策，体现当代学生的责任担当。

4. 研修方式

文献查阅、参观体验、志愿服务。

5. 研修涉及学科

政治、历史、物理、生物、化学等。

探寻地方文化，传递地方星火

指导教师：孔　燕　杨婷婷

第一节　背景介绍

一、地方文化的概念

不同学者对文化有不同的解读。在《辞海》中，对文化的定义如下："文化是人类在历史实践过程中所创造的物质财富和精神财富的总合。"说明文化是一种社会现象，是人们在生产、生活和劳动中长期创造而形成的产物。同时，文化又是一种历史现象，是社会历史的积淀物。文化凝结在物质之中，又游离于物质之外，通过国家或民族的历史、地理、风土人情、传统习俗、生活方式、文学艺术、行为规范、思维方式、价值观念等表现出来，它是人类之间进行交流的普遍认可的一种能够传承的意识形态。而生活在不同的地理区域内，政治上又相对封闭的环境下，人们在长期的社会实践中就创造了有地方特色的文化，成为地方文化。

二、乡村学校学生了解学习地方文化的作用和意义

一方水土，养育一方人文。地方文化，涵盖内容甚为广泛，比如方言文化、饮食文化、宗教信仰文化、历史传统底蕴等。它是勤劳的当地人，在漫长的劳动和生活中，所积累和创造起来的精神财富和物质财富。无论是历史文化遗址、口口相传的当地故事、手工艺品等地方显性文化，还是当地人的风俗习惯、思维习惯、审美观念、艺术情趣等隐性文化，都渗透着浓郁的地域色彩。而地方文化区，是居住于某一地区的居民的思想感情上有一种共同的区域自我意识。在个体的成长过程中，是潜移默化的。通过生活习惯、语言表达、思维习惯等方式表达出来。虽然，学生从小就受到地方文化耳濡目染的影响，但映射在大脑里，地方文化是原发的，潜意识的，自然而然存在的，甚至是无序的。"熟

悉的地方没有风景",正是个体对地方文化的忽视。一方面,是个体对本土文化没有系统的认识,同时也缺乏对地方文化进行全面了解的自觉性;另一方面,青少年好奇心强,对外界新鲜的事物更有探索欲,对于土生土长的事物,反而见怪不怪。如何引导学生正确对待地方文化,并从中汲取精神养分,完善个体精神发展,是乡村综合实践活动的目的之一。此外,通过综合实践活动,认识和学习地方文化,能帮助学生形成地方精神文化价值观,激发学生热爱家乡的真挚情感,培养学生乡土情怀。地方文化,使学生身处其中,但对地方文化,很多学生都存在一知半解的情况。通过综合实践活动,探索了解地方文化,完善学生知识架构,是用最经济的、最接地气的方式,补充学生知识,拓宽学生视野,丰富学生生活的途径。

三、学生学习和了解地方文化的方法和途径

地方文化是地方性的,也是身边的,具有本土特色。所以,它的学习地点在校园外;学习方式也呈现多元化。走访博物馆或者其他地方场馆,是学习了解地方文化最直接的方式。每个博物馆有不同的主题,走访之前,要做好功课。例如通过网络、书籍等方式,了解场馆的主题和展出方式。条件允许的情况下,可以联系讲解员。因为陈列的物品,只知其然,不知其所以然,对它的学习就会付诸流水。而在讲解员的指导下,会对陈列的物品有着更立体、更全方位、更深层次的了解。除了参观场馆,实地走访也是学习地方文化的重要途径。走访的过程,由"走"和"访"组成,即在行走的过程中,对当地人进行采访。通过当地人的口述,以及对该片区的介绍,能更好地了解当地的历史演变、特殊建筑、风俗习惯等。选择当地举行民俗活动的时间,组织学生参与其中或者观摩民俗活动,会让学生对民俗文化有更深刻的感受。探寻当地特色,发扬当地优良文化传统。是学习地方文化的目的之一。而当地有哪些特色,有哪些优良文化传统,却是很多学生的盲区。怎样对当地特色和优良传统有更深刻的认识?这些都凝聚在生活中的一什一物中。在农贸市场、地摊摊位上,有着形形色色的当地物品,等待出售。这些物品,可大可小,有的可食用,有的是日常生活物品,有的是娱乐物品等,这些就是当地文化特色的反映,甚至于一些学生家里自己也在制作这些物品出售。家乡文化丰富多彩且源远流长,学习了解当地文化,让学生成为一个真正的"当地人"。

四、渝黔交界山区（綦南山区）的文化元素介绍

渝黔交界山区，地区文化呈现多元化的特点。在语言、建筑、饮食、宗教信仰等文化上，呈现区域特色。以下是对渝黔交界山区的文化元素做简要介绍。

1.农耕文化

它是由农民在长期农业生产中形成的一种风俗文化，为农业服务和农民自身娱乐为中心。而随着城镇化进程的加快，能较为集中体现传统农耕文化的地方，在地域上，正在边缘化。走出城镇，走入农村，走进田野，农耕文化像一幅巨大的水墨画，铺展在眼前。农耕文化的表现形式，非常丰富。有传统的水稻梯田，比如吹角、大罗等距离厂矿有一定距离、自然环境良好的区域，仍保留着传统的水稻种植和收割模式。就垦耕工具来说，有铁犁、铁齿耙、铁镐等。就耕种方式来说，仍是传统的"耕—耙—糖—压—锄"相结合的农业耕作技术。此外，在地方传统农耕的基础之上，仍有许多"副业"，比如草鞋的编织，箩筐、菜篮的编织，传统农具的打造，农产品的再次加工等。这些富有当地特色的物品，逐渐成为有当地特色的手工艺制品或者是地方特产。

2.红色文化

前文已有记述。（此处略）

3.宗教文化

宗教是人内心的信仰，是人们千百年来的精神寄托。綦南山区，佛教、天主教是主要的宗教信仰。不同教别，有不同的建筑，不同的宗教活动。历史较为悠久的佛教寺庙有东溪万天宫、东溪南华宫、东溪王爷庙、东溪佛灵寺、金山寺；綦江境内共有2所天主教堂，一所位于城区，另一所位于打通镇吹角村，始建于清朝光绪年间（1875—1908）。基督教堂在城区或乡镇，均有分布，如合一堂、福音堂。

4.古迹寻踪

古迹(文物保护单位)是先民在历史、文化、建筑、艺术上的具体遗产或遗址。包含古建筑物、传统聚落、古市街，考古遗址及其他历史文化遗迹，涵盖内容广泛，包括政治、防御、宗教、祭祀等多方面领域，以弥补文字、历史等记录之不足。綦江南山区，古迹较多。东溪镇有着众多可以追溯至明清时期的古迹，比如东溪"抚我子遗"碑、东溪七孔子崖汉墓群、东溪七孔子崖墓群、东溪琵

芭古寨、东溪一石三碑等；位于綦江永城的苗子顶崖墓群、凤冠山石刻、"綦风士气"石刻题记等；綦江僚人文化遗址群 21 处；赶水镇"放生台"石刻题记、打通镇"中流砥柱"摩崖石刻、石角"泰山石刻题记"等。

第二节　出发，探索地方文化

地方文化的探索，有两种探索思路。一是横向探索：探索某一种文化元素聚集较多的区域。二是纵向探索：探索各个区域内，共同呈现的某种文化元素。以下，将按照横向探索的思路，以学生探寻打通镇吹角村地方文化的综合实践活动为例，浅谈这次活动的准备、过程和收获。

一、前期任务布置与准备

1. 明确出行目的

探寻的区域在哪里？如何规划线路？想了解本地文化中的哪些具体方面？通过什么途径来了解？是否需要提前设计相关采访表格？

2. 确定采访对象

由本地学生安排和联系采访对象。采访的对象可以是村支书、队长、对当地历史较为清楚的长者等。同时，确定采访的时间和地点。

3. 问题准备

在查阅当地文化的相关资料后，思考哪些文化元素是自己一知半解，或是闻所未闻的。老师要指导学生采访时提问的方向和角度。

4. 总设计安排人员

由组织能力强，考虑事情周到，变通能力、号召能力强，有时间观念的学生担任。负责出行过程中，同行人员的往返乘车组织，过程中同行人员的集散、纪律的维持等。

5. 线路规划

区别于其他线路的规划，由于地方文化是滋养个人成长的摇篮，那么，线路规划的主体工作，交给当地学生负责再恰当不过。线路规划时，老师要给予指导。包括如何安排同行人员的交通方式，以及乘坐的具体车辆、路上时长、停顿站点等。

6. 草图绘制

部分物体、电子照片不能很好地配以文字进行描述和记录，或者取景不容易。随行人员有美术生加入，就能较好地解决这个问题。通过勾勒物体草图，再配以详细的文字描述，在后期写报告时，能得到更直观的信息。

7. 出行礼仪指导

在出发前，指导教师简要介绍当地文化的内容；同时，指导学生在采访过程中、参观过程中、观摩过程中、活动参与过程中应该注意的基本礼仪。比如特殊建筑，拍照之前，先征得同意；尊重他人隐私；提前了解宗教禁忌；不随意丢弃垃圾等。

8. 安全人员

由责任心强，细心的，乐于助人，体力、耐力较好的学生担任。

9. 摄影人员

由爱好摄影，并具备良好构图能力的学生担任。

10. 提前查阅天气预报，尽量避开雨天或者高温天气出行。

二、探索内容：吹角村地方文化探索

农耕文化：梯田的传统耕作方式及耕作工具；梯田改肥土的变迁；传统农"副业"，如草鞋的编织、木匠手艺、老荫茶制作手艺等。

宗教文化：通过参观天主教百年教堂，学习了解教堂的变迁历史，欣赏教堂的建筑美学，以及当地人的宗教信仰和一些宗教活动。

三国文化：探访吹角孔明洞。了解孔明洞背后的故事，同时了解孔明洞目前的情况，以及对于孔明洞目前管理出现的问题，提出建议。

乡村居住方式的历史变迁：居住方式的变化反映了人类创造历程，也体现了农民对美好生活的向往。目前，吹角地区保存有各个历史时期的居住房屋。其中，最古老的一栋房子已有百年历史，并且呈 37 度向右倾斜。此外，"文革"时期、改革开放初期、危房拆迁重修后的房屋，都有呈现。

三、学习了解地方文化过程

提前一天约定出发时间、地点：上午 8 点为出行人员集中的时间，8 点到 8 点半由指导教师统一部署出行计划、注意事项。随后安排乘车，前往目的地——

吹角老街。

1. 乡村居住方式的历史变迁

"安居乐业"是中国的一句老话。而建筑"是石头的史书",从地穴到草屋,再到砖瓦房,进而到现在的钢筋水泥楼,居住方式的变化反映了人类创造历程,人类的居住史也凝聚在不同的建筑之中。在吹角村,上百年的土木结构民居;解放后的土坯瓦房,在政府进行危房改造后,土坯瓦房变为砖石结构的立体楼房。改革开放40多年来,农村的居住方式发生了巨大的变化,一方面,这是农村经济实力的综合反映,另一方面,也折射出农民改善居住条件的理想追求和农村现代化的发展进程。

知识卡片:

十一届三中全会召开之前,乡村房屋居住形式大致有以下几种:①草房。这是对最古老建筑形式的承袭。草房一般是土墙草顶。为使其牢固结实,墙基一般在山区用石头砌成,平原地区则用砖砌而成。墙基一般离地面二三尺高,用砖往往是五层、九层、十一层。②瓦房。这是因其房顶用瓦盖成而得名。瓦房的地基亦用砖或石头砌成,墙壁次者用土坯垒就。稍好者采用双层,即里边是土坯,外面用砖砌,俗称"里生外熟"。最好者是全部用砖砌成,民间称之为"浑砖到顶"。

在吹角老街,曾经的复兴场,干净整齐的街道,并排着危房拆迁重修后的房屋,"文革"时期修建的房屋及修建时间最长的"倾斜屋",学生对这"倾斜屋"最感兴趣。有人提问:它倾斜的角度是多少?它的建筑结构是怎样的?为什么历经百年风雨,它仍未倒塌,且仍有人居住?为什么屋主不愿进行拆迁重修?

经和屋主沟通,围绕以上问题,同意学生使用工具对房屋的倾斜角度进行测量,并为学生讲解房屋结构。(图1-2-49)

图1-2-49 吹角老街的"倾斜屋"

学生拿来了铅锤,通过铅锤,测量出房屋向右倾斜的角度为37度,石头墙基高度为1.3米。其倾斜但不倾倒的原因并不复杂。这主要是因为全屋建筑结构采用穿斗式架构:穿斗式架构不使用木梁,直接用木柱承檩(lǐn),檩上架椽(chuán)。构建穿斗式架构时,先确定屋顶所需檩数。然后,沿房屋进深方向依檩数立一排柱,每柱上架一檩,檩上布椽,屋面重量直接由檩传至柱,再传至地表支撑面。其特点是结构具有高度完整性和稳定性,所以,历经风雨,只倾不倒。而对于不愿拆迁重修,屋主没有过多的解释。

2.探索传统耕作方式,学习农副业手工艺

农耕文化是千百年的传统文化,可随着城镇化进程步伐的加快,农耕文化,似乎随着时间的流逝,渐行渐远。探寻传统农业耕作方式,了解田土变更历史,学习地方手艺的制作手法,是了解当地文化变迁的途径。

当地学生联系到的采访对象,是原生产队队长。他从阁楼搬出了各种传统的耕作工具。蒙尘的工具,时日已久,透露出岁月的痕迹,充分反映出当地田土变更。他一一展示了所有的耕作工具:如犁头、坝田、水稻收割机、搭斗等。很多学生并未见过这些传统耕作工具,也疑惑于这些工具是怎样使用的。队长一一解释了犁头,坝田的结构、使用的方法、耕田时,需要注意的问题等。随后,亲自动手示范农具的使用。在示范讲解的过程中,也讲述了农民与牛千百年的深厚情感,牛不是一头牲口,而是农民千百年的伙伴、搭档。耕田人更知晓牛的辛苦:"牛的一滴汗水,也换不到一粒米",许是农民对牛的心疼。因此,农民也是尽可能地照顾牛。春夏割草,秋搭草垛,冬吃存粮。随处可见的稻草垛、玉米秆垛,就是牛冬天的口粮。(图1-2-50、图1-2-51)

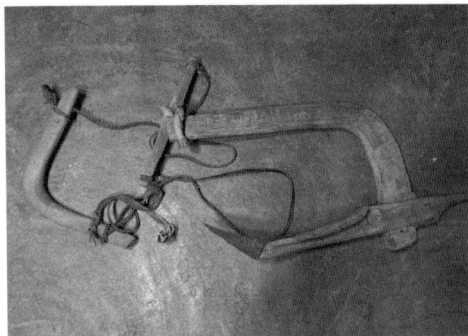

图1-2-50 耕地用的犁

图1-2-51 犁的好"兄弟":耙

随后，队长带学生探访农田。长期以来，吹角地区因为盛产稻米，使得米市繁荣，交易兴旺，吹角梯田，也颇为壮丽。在进入21世纪后不久，有商人前来，承包土地，改田为土，种植黄桷树。种植过程中，大片梯田的田坎被挖坏，且较难恢复。此后，稻田不再有蓄水的能力。目前，仅官帽山山口前，存有少量梯田。虽为消失的梯田感到惋惜，但吹角地区，现如今农业的发展却也更加立体化。田土里，不仅仅是传统的玉米、红薯等农作物，也有树苗、花卉、果树等颇具经济价值的植物，有些水田也被改为鱼塘，成为人们休闲娱乐之地。而当地农民的生活水平和生活质量，也有了质的提升。（图1-2-52）

图 1-2-52　吹角梯田

除了水稻种植，传统手工艺在吹角地区也有较好的传承。草鞋的制作、木匠人的手艺、老荫茶的晾晒，是在农闲时间，人们为了增加收入，而从事的生产劳动。为了帮助学生更好地了解草鞋的制作过程，编草鞋的老把式，现场给学生们展示草鞋的编制过程。编制材料是稻草，使用的工具较多，有鞋楦头、剪子、锥子、钳子、改锥、穿针等。鞋楦头分大小型号，不分左右，因为草鞋为非"认脚鞋"，左右脚可以混穿。每套鞋楦头分为三件，即鞋尖、鞋跟和固定板。鞋跟和鞋尖斜茬连接，钉子（竹钉或铁钉）穿连固定，可装可卸。固定板也为斜茬楔形，用钉子连接于楦头根部，用以夹住草鞋起头的蒲片。在老把式手间穿梭的稻草，约莫1小时，一双经条宽窄一致，纬条粗细均匀，匀称美观的草鞋就编制好了。（图1-2-53）

知识卡片：草鞋，一种用草编制的鞋子，流行于全国许

图 1-2-53　草鞋编制工具

多地区。也称草履、芒履、芒鞋，俗称"不借""千里马"。在上古时代，草鞋称为"扉"，相传为黄帝的臣子不则所创造。从原始人类到现在一直有人穿着。草鞋价格低廉，一般都买得起，或自己会编，且不耐穿，不必借，也无人借，故称"不借"。草鞋虽然简陋，但可以随穿者千里之行，故称"千里马"。草鞋历史悠久，盖为鞋之祖。草鞋是中国山区居民自古以来的传统劳动用鞋，穿着普遍，相沿成习。男女老幼，凡下地干活儿、上山砍柴、伐木、采药、狩猎，天晴下雨都穿草鞋。20世纪30年代中期，工农红军在陕北建立根据地，开展游击战，战士们穿着草鞋，翻山越岭，后扩军北上抗日，因此，有着"打双草鞋送给郎，南征北战打胜仗""脚穿草鞋跟党走，刀山火海不回头"。

草鞋在中国社会生活中形成了一种文化，那就是草鞋文化。它体现了勤劳和智慧，表现了勇气和奋斗，展示了中华民族一环又一环地团结在一起，坚不可摧；而现在它又寄予了新的文化内涵——环保和资源的再利用。

3. 遗迹走访，寻回三国文化（图1-2-54）

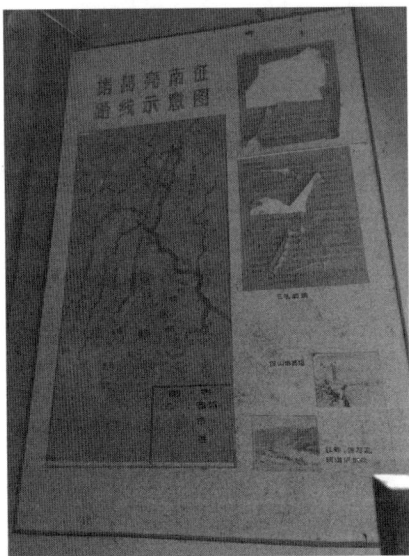

图1-2-54 诸葛亮南征路线示意图

从吹角新街的之路向西而下，就是前往孔明洞的路，同时也是去吹角老街的路。穿过吹角场老街，沿着路标，就到达吹角三国孔明洞遗址。孔明洞，坐落于山崖之下；山崖壁，飞云栈道盘曲而上；洞穴前，古城墙依稀可见；城墙角，有一方八卦阵迷宫遗址，迷宫里的建筑隔档早已消失。而阵中野草，恰绘制成一个迷宫图。围绕着迷宫图，学生们颇有兴致地走来走去。洞口处右侧有关于诸葛亮、诸葛亮南征、马忠的文献展示。在英雄辈出的三国时代，历史典故也颇为丰富。而孔明洞的渊源，就可追溯到三国时期。蜀后主建兴三年（公元225年），诸葛亮奉命南征。七擒七纵，得以让孟获归心。而回军途中，得报黔北的牂（zāng）牁（kē）太守叛乱，于是派遣麾下猛将马忠前来平叛。叛乱平息后，马忠留任牂牁郡太守。马忠遵诸葛亮的"抚和"政策，维护地方秩序，施恩于地方百姓，派兵驻扎吹角，操练士兵。

所以,吹角场流传着不少当年诸葛亮平南抚疆的故事。

走到古城墙上,放眼望去,是坡度舒缓的山间坝子,呈喇叭形展开,地势开阔,是为练军之地。开阔的地势,原本是梯田,但现在已经改田为土。但仍能想象到曾经洞外,千万将士操练的壮阔。有学生提议,在这广阔的田野上,模拟士兵操练情形。这是一个可取的建议,可以配合体育老师实施野外训练。一方面,通过孔明洞,了解三国文化;另一方面,因地制宜地训练,可以锻炼学生体魄和应急能力。

4. 宗教信仰

吹角之行最后一个目的地是百年天主教堂。这所教堂,历经风雨,几经修建,如今已被确定为綦江区不可移动文物单位。据重庆天主教协会资料显示,天主教于乾隆四十四年(1779 年)传入綦江,建立了教区和教会学校。在光绪三年(1877 年),该天主教堂在吹角落成,如今已经成为綦江境内两座天主教堂之一,也是重庆地区唯一的乡间教堂。

对于外来宗教,参观的学生可能感到陌生。然而,跟随神父的脚步,学生参观了教堂内外,并且了解了天主教的仪式和活动。天主教的主要仪式是弥撒。在弥撒中,教友们诵读经文、祈祷、领受圣体等。弥撒活动并非单独的活动,而是天主教的主要礼仪。此外,天主教还有许多重要的节日,例如圣诞节、复活节、圣母升天节等。

百年天主教堂是一座中西合璧的建筑,采用中国传统的三合院式建筑,但加入了西方的元素。中间的正殿屋顶有修长的立柱和十字拱,两侧是卧房和餐房。正殿内的装饰非常堂皇、严谨庄重。正墙上方中央,供奉着耶稣背负十字架的雕像,右侧是圣母玛利亚及其圣徒的画像。教父向学生们讲解了弥撒仪式的五个主要部分:进堂式或进台式,圣道礼仪(诵读圣经和教父讲道),圣祭礼仪(祝圣面包和葡萄酒,领圣体和圣血),领圣体礼和礼成式。在弥撒中,教友们会领受圣体和圣血,这是一个统一的仪式。

四、活动总结

通过这次吹角地方文化探索之行,以采访、亲自动手参与草鞋编制、教堂的参观、农作物种植区的走访,深刻地体会到丰富的地方文化内涵。那些未曾留意的乡村魅力,通过这次综合实践活动逐步呈现在眼前。通过亲身参与实践，在开放的学习情景中获得亲身参与实践的体验和丰富的经验。此外，获得对自然、对社会、对自我之间的内在联系的整体认识。形成亲近自然、关爱自然、关心社会及自我发展的责任感。在实践过程中，逐步发展学生在自己的生活中发现问题，解决问题的能力，养成合作、分享、积极进取的良好个性品质。

03　社会调查篇

校门口路段交通安全隐患的调查研究

指导教师：冯成书　谢连杰

乡镇社会调查大背景

据不完全统计，目前我国乡镇一级的行政单位达 41 636 个。乡镇是我国最基层的行政机构。一头连着城市，一头连着农村，在农村乃至整个国家经济社会发展中发挥着基础性作用，它是政府联系人民群众的纽带。改革开放以来，乡镇经济社会发展迅速，社会面貌大为改观。在促进农村经济发展、提供农村公共服务、维护农村社会稳定、发展农村民主政治、建设农村先进文化等方面，乡镇发挥了不可替代的作用。

从学生视角来看，乡镇在文化教育、医疗卫生、交通通信、商业贸易、小微企业、特色乡镇建设等方面，无疑有很多值得了解的地方，这就给我们有关乡镇的社会调查提供了丰富的题材。

目前，我国中学校分布最边远的地方就是遍布全国的乡镇了。乡镇中学校园周边的环境往往成为学生社会调查的重要内容，其中校园外交通安全就是典型一例。

本案例研究过程和结论报告如下。

一、调查研究背景

（一）校园交通安全形势

据不完全统计，全国每年有 2 万多名中小学生因交通事故伤残、死亡。交通事故已成为未成年人的头号"杀手"。交通事故带来的不仅是个体身心的创伤，更是对一个家庭、一个班级、一个学校的严重打击。

以打通中学为例，由于我校是高完中学校，放学时除留校生外有近 2000 人同时"冲"出校门，校门口交通工具繁多，学生常常在拥挤的车流中穿行，非常危险。学校门口路段屡屡发生交通安全事故。排除我校校门口路段的交通安全隐患刻不容缓。

（二）调查目的和任务

主要调查校门口的交通安全隐患，提出有效建议。通过此次调查，了解校园外交通隐患，进行一次交通安全教育，增加学生交通安全防范意识，同时，培养学生的团结协作精神，锻炼学生的社交能力和解决实际问题的能力。

二、调查研究过程与方法

调查研究主要分四个阶段，如下表：

	具体步骤	时间安排	主要方法或形式
第一阶段	书写计划和人员分工	第一周	集体讨论法
第二阶段	过程实施	第二至五周	实地观察法、问卷调查法、走访调查
第三阶段	总结整理结论并分析对策	第六、七周	统计分析法
第四阶段	反思并书写研究报告制作研究成果展示	第八、九周	集体研讨、反思总结

具体人员分工表

项目	主要负责人		参与人员	完成形式
设置调查问卷	贺 ××		全体	讨论后由负责人汇总打印
问卷调查	各小组长	杜 ××	谢 ××、×× 等	调查七、八年级 10 名老师和 30 名学生
		贺 ××	黄 ××、×× 等	调查初三和高三 30 名学生和 10 名老师
		袁 ×	肖 ×、娄 ××	调查校门外 10 名商贩和 5 名保安

（续表）

项目	主要负责人		参与人员	完成形式
问卷调查	各小组长	王××	张×× 、王××	调查高一、高二30名学生和10名老师
		杨××	李××、张×	调查5名路人、5名司机和附近居民5人
观察交通隐患	同上		全体	小组分工
走访调查	杨××		全体	集体讨论访谈内容
书写研究报告	贺××、王××		全体	集体修改后由负责人打印
制作和美化PPT	杜×× 袁×		全体	集体修改
摄像	王××			
安全负责人	杨××			

图 1-3-1
调查停在路边的摩托车司机

图 1-3-2
访谈学校安保主任

图 1-3-3
走访当地交管部门

三、调查研究结论与建议

（一）统计数据与结论

项目	认为存在安全隐患	亲眼看到或经历过安全事故	认为产生交通安全隐患因素人数比例				
			车辆乱停乱占	学生交通安全意识薄弱	车辆速度过快	交通设施不齐备	周边摊位造成聚众拥堵
人数比例	95%	30%	80%	82%	64%	68%	5%

图 1-3-4 收回的调查问卷

（二）结论原因分析

我们找到了学校门口交通安全隐患的主要因素。

1.学生交通安全意识薄弱（主要原因）。大部分未走斑马线，部分同学在道路中央慢慢吞吞，甚至追逐打闹（打闹学生以七、八年级为主）；还有一部分同学过马路前并没有"左顾右盼"，而是盲目穿行；甚至有同学横穿马路时边走边低头吃东西；部分社会行人还在马路上边走边低头看手机……危险性极大。（图1-3-5、图1-3-6）

图1-3-5　在马路上边走边吃　　　　图1-3-6　学生在拥堵的车流中穿行

2.车辆乱停乱占（主要原因）。社会营运车辆和部分接送学生上下学的其他交通工具在校门口乱停乱占，不但占据了本来就窄的马路，尤其是停在路口，更是阻挡了行人和司机的视线，极易发生车辆碰撞行人的危险。（图1-3-7、图1-3-8）

图1-3-7　　　　　　　　　　　图1-3-8
车辆乱停乱占　　　　　　　　　停在路口的车辆（易阻挡路口行人和
　　　　　　　　　　　　　　　司机的视线）

3. 交通设施不够完善。马路为两车道，道路较窄；校门外除了有一条斑马线，两侧约 50 米各有一块醒目的"前方学校，注意避让"的标示牌外；左右两侧的减速杠已经毁坏；两旁均没有停车位规划；没有禁停标志，没有红绿灯，更没有天桥和地下通道等。

4. 部分过往车辆速度过快，甚至部分为非法营运车辆或是家长不合法的交通工具，对通行人员威胁极大。

5. 少部分未成年学生驾驶和搭乘非机动车，速度极快，危险极大。

（三）建议与对策

由于造成我校校门口路段交通安全隐患的因素是多方面的，所以需要多方面配合整治。

1. 禁止车辆乱停乱占。建议在离校门口至少 50 米外规划停车位，方便学生上下学，但由于道路较窄，最佳方式是在学校附近选择场所建立停车场。另外希望相关部门安排专人对此路段巡查，对不听劝告的司机强制执行。

2. 强化学生和老师的交通安全意识。各班除通过安全课学习外，可以统一举办交通安全讲座，并通过张贴海报、办理墙报、手抄报、漫画等竞赛，还可以举行安全知识竞赛等形式强化学生交通安全意识。并让学生对家长和其他社会人士进行大力宣传，严格遵守交规。

3. 学校和交巡警部门在上下学高峰安排专人在校门口监督指挥，继续规范行人和司机交通安全行为，最终形成交通安全意识。

4. 学校书写书面报告，要求相关部门完善交通安全设施。

5. 查处和禁止未成年学生驾驶和搭载非机动车。

四、调查成效与反馈

（一）整改进行中

1. 错峰放学，高初中分别错开 10 分钟，并限行 3~4 人，大大缓解了人流量。

2. 禁止学校老师的车辆在上下学高峰期进出校门。

3. 在上下学高峰期，学校安排专人，政府安排交巡警，在校门口巡逻。

4. 上下课铃声已经改设为交通安全提示语，逐渐达到潜移默化的效果。

5. 以一年一度的竞赛转变为每季度举行一次交通安全知识竞赛或漫画或手抄报、墙报竞赛等，继续强化学生的交通安全意识。

6.现在的环城车和其他车辆在上下学高峰期停车已规范在50米外，减少了拥堵。（图1-3-9、图1-3-10）

图1-3-9
放学时限行2~3人

图1-3-10
交巡警安排专人在放学高峰期巡逻监督

（二）再次整理研究报告

向学校及交通管理部门提供较翔实的"打通中学校门口交通安全隐患及整改方案"，供相关部门参考。

（三）体会与收获

1.我们逐步形成了团结协作的意识。准备课题时，我们茫然无措，是指导老师指导我们书写计划，根据每个人的特长，再进行分工，各取所长，虽然中途走了许多弯路，费了许多工夫，但最后靠这个"智囊团"共同努力，得以完成本课题。

2.我们更大胆了，交流沟通能力也提高了。首次访谈时，我们十分拘谨，紧张得不敢开口，结结巴巴。后来，我们先拟定访谈内容，准备充分，鼓足勇气后，访谈就顺利多了。我们发现"笑脸相迎"和"大方自然"是交流的法宝。

3."书到用时方恨少"，现在我们才发现要解决一个问题，涉及多个学科的知识的综合应用，在制作PPT和书写结论报告时，我们就修改了无数次，还请教过老师。我们真的不能偏科。

4.我为社会服务我光荣。看到校门口的交通状况有了一定的改善，我们都非常自豪，争取以后还要为更多的公益事业尽我们的一份微薄之力。

五、参考文献

［1］李常明：《综合实践活动上、下册》[M].重庆出版社，2017:7-30.

［2］李常明：《高中研究性学习上、下册》[M].重庆出版社，2013:11-23.

［3］熊达文：《中学生道路交通安全知识》[M].中国法制出版社，2006
年 :3-1

其他备选课例：

1.关于××镇街道家庭节约用电的调查研究

2.关于××镇楼顶违章建筑整治问题的调查研究

3.关于××镇天然气安装使用的调查研究

4.关于××镇环城车开通的调查研究

5.关于××中学封闭式管理可行性的调查研究

6.关于××镇空巢老人生活现状的调查研究

打通镇工业环境状况研究

指导教师：王泽安　杜文婷　张诗莉

内容摘要

　　作为綦江区南部的工业重镇——打通，其工业具有相当规模，实现年工业产值近百亿元，工业企业多数与煤炭产业相关，但又有一些新的发展趋向。工业布局充分考虑了合理区位，经济效益明显，带动企业和打通地方经济发展，同时，又适应了当前社会对环境质量的要求，考虑了在环境保护上投入人力物力财力。不过，打通工业发展面临一些阻碍因素，需要进行转移和升级。高中学生对当地工业进行调查，对学生来说，则是很好的与社会接触、锻炼认识社会能力的机会。

关键词

工业　工业区位　工业布局　工业环境

开题报告

　　以煤炭工业起步的打通镇，其工业区位因素与工业地域的联系如何，矿产资源开发利用与保护状况如何，区域工业化与城镇化过程中出现哪些问题，这正是高中地理新课程必修Ⅱ、必修Ⅲ和选修Ⅵ中必须探讨的章节。另外，高中新课程"活动题"中有相关的研究性学习课题，如："调查学校附近的一家工厂，了解这家工厂的原料来源和产品的市场。分析这家工厂与哪些地区（或部门）存在商贸联系。""家乡的工业区位条件调查。撰写一份加速家乡经济发展的调查报告。""组织学生去附近的矿区外围进行实地考察，让学生亲身体验采矿活动对采矿区及其周围的生态环境造成的影响。"基于以上原因，对当地工业环境进行调查研究具有重要意义，不过学生时间精力所限，打通中学这次选题就主要围绕工业企业调查、工业布局分析、工业与环境的关系等发展方面做一些调查研究，并提出一些建设性意见。

正文

一、研究对象、内容和研究方法

1.打通镇主要工业企业调查，包括松藻煤电公司所属的罗家坝发电厂、安稳电厂、洗选厂、自来水厂、矿井口，采用参观调查方式。

2.调查煤炭开发附属产品利用现状，包括燃气发电厂、燃气罐、煤矸山等，采用实地观察与调查方式。

3.研究报告形成，由地理研究性学习小组研讨、统计、分析、撰写。该过程为校内研究。

二、研究步骤和过程

1.调查路线和具体安排：

线路1：2013年5月25日上午（乘车）打通中学—低浓度燃气发电厂（8：30）—洗选厂（9：00）—水厂（10：00）—安稳电厂（11：00）—（返回）打通中学

线路2：2013年5月25日下午（步行）打通中学（2：30）—公司污水处理站（2：40）—罗家坝电厂（3：20）—矸子山（4：20）—（返校）

线路3：2013年5月26日上午（步行）小区电梯楼（8：30）—小区燃气罐（8：40）—干河沟倒岩（9：30）—（11：20）返回

线路4：2013年5月26日下午（步行）打通一矿矿部（8：30）—参观矿部设施（9：00）—技术人员讲解煤炭开采流程（9：30）—参观打通一矿燃气综合利用工程（10：30）—（11：20）返回

2.调查分组

以打通中学高中2014级文科学生作为调查人员的主体。每个班选出外出调查者20人，分成5人一小组，每个班5人小组重新组成一个调查大组，分别调查四条线路。

3.调查分工

每个调查组推举一名组长，四个小组长，负责组织协调、调查线路顺序的安排等工作；两人负责照相、摄像。其他组员都带好记录本，做好调查参观采访记录。每个调查组有一到两名老师随行，只负责安全，不在调查中喧宾夺主。

4.时间安排

（1）先向企业单位进行采访预约。

（2）2013年5月的一个周末内完成所有外出调查任务。

（3）校内一周时间完成数据整理和结果分析。

（4）2013年6月10日前后，形成研究性学习课题报告并进行成果展示。

5.问题具体设置

（1）火电厂：发电机发电流程、电能输出方式、脱硫技术、除尘技术、电厂内外环境、废物处理等

（2）洗选厂：煤炭脱硫流程、面临难题、内外环境等

（3）煤矸山：煤矸石来源和运输通道、煤矸山对环境的影响调查、煤矸石利用前景、矿区水资源利用问题等

（4）燃气发电厂：发电流程、电能输出方式、燃气利用前景、与民用燃气矛盾的协调等

（5）风井：竖井设施、煤矿附属设施

（6）燃气罐：民用燃气的供应输送和燃气综合利用现状

（7）水厂：打通镇自来水来源、用水现状、水净化技术、煤炭生产对矿区地表水和地下水的影响

（8）矿部：煤炭开采流程、矿部生产环境状况

三、研究结果结论和讨论分析

根据调查情况，绘制《打通地区工业分布图》（图1-3-11），并可对工业进行如下分析：

1.工业类别

打通地区的工业可以分为四类。

第一类：采掘业（支柱工业），如打通一矿、大罗铁矿。

第二类：煤炭附属工业，如燃气发电厂、洗选厂、罗家坝火电厂、水泥厂等。

第三类：主要为矿山服务的工业，为矿山生产配套产品，如重庆松藻矿山机械厂、广创矿山机械厂、速大矿山机械厂、新源工贸有限公司等。

第四类：其他工业，如水泥厂、木材加工厂、久鸿建材公司、水厂、石粉厂、酒厂等。

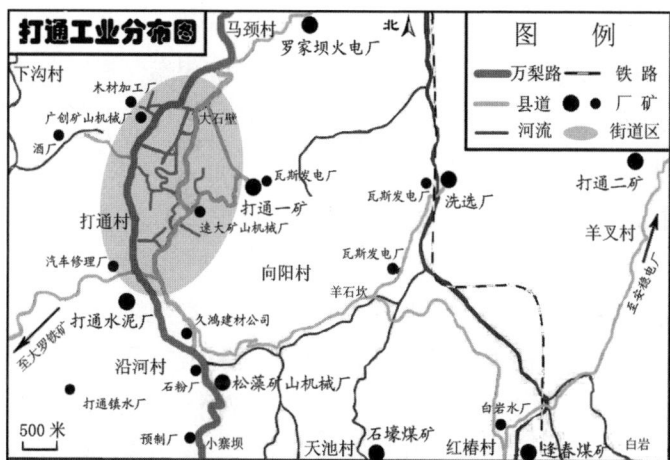

图 1-3-11　打通工业分布图

2. 工业区位

打通地区的工业区位总体比较合理。

（1）前两类工业，由于受资源影响，一般分布在资源地和资源地附近，属于原料指向型工业。

（2）第三类工业，分布在交通便利的地方，便于向本地和外地矿山提供配套新产品。

（3）第四类工业，主要属于市场指向型工业，如酒厂、水厂、木材加工厂等。当然也有要考虑原料的，如石粉厂。

3. 工业与环境

总的说来，打通地区的工业与环境关系并未恶化。通过以下证据可以说明：

（1）煤炭开采工作面，在地面以下 700 米左右（大约在海平面附近），煤炭通过传送带或斗车送到地面指定堆放场外运，所以煤炭本身并不带来明显污染。

（2）打通地区的两个火电厂，都采用先进的静电除尘技术和尾气处理技术，对外几乎不产生污染。火电厂用水也采用内部循环，不对外排放污水。

（3）洗选厂的正面意义。洗选厂主要通过浮力原理，跳汰技术，将原煤进行除矸脱硫，变成精煤。通过调查发现，洗选厂并不是人们想象的洗煤水滚滚入河，让河变成"黑"河。它是通过内部循环，洗煤水经过几道沉淀回收再用，是绝不外排的。

（4）温室气体——燃气排放污染问题解决得很好。第一阶段，高浓度燃气作为居民的生活燃料，已广泛运用。第二阶段，用燃气提炼炭黑。（这项工程后因耗能太多，成本太高而中止。）第三阶段，燃气发电。将居民用除开，剩余的燃气用于发电，既产生经济效益，又保护环境。尤其是低浓度燃气发电厂，将达不到居民用燃气浓度的燃气气用于发电，减少了很多废燃气气的排放。

（5）煤矸石的处理趋于合理。起初，从矿井下拉出的煤矸石堆在露天环境，日久堆积成山，成为矸子山，对当地农田造成一定影响。现在，煤矸石有多种用途，建筑材料、工业原料、公路原料、矸石发电等，矸子被一车车运走，矸子山越来越矮，越来越少。还有，煤电公司处理矸子考虑远离人群，将干河沟最弯曲的地方来一个裁弯取直，用隧道相通输水。裁出来的河道是个天然的峡谷，封闭起来堆倒矸石，对环境影响很小。

4. 工业与经济

打通地区以煤炭生产为支柱的工业带动了众多的工业产生和发展，促进了打通经济的发展，使打通镇成为綦江南部最大的工业重镇、经济大镇，打通地区的居民充分共享了工业发展带来的实惠。

打通镇及附近居民用上了价格非常低廉的燃气气能源，打通镇附近居民已用上了放心的自来水，工商银行、建设银行、农业银行这三大银行都入驻打通，打通镇在镇一级开通了便民的环城公交车，五六家快递公司、三四家驾校、两家汽车交易行都落户打通……

四、问题与思考

打通地区工业对经济的带动作用是明显的，但伴随此过程，也有一些问题值得重视。

1. 采空区问题

打通一矿井下工作面对应地面主要是打通村、向阳村，这些地面就是人们所说的采空区。采空区有出现地裂缝、地面沉陷、塌方等现象的可能，地表水和地下水严重缺乏，植被长势不良，农业减产，在雨季，还有引发地质灾害的危险。尽管煤电公司与当地进行不断的协调，但短时间要解

图 1-3-12 打通向阳村地裂缝

决根本问题是很难的。（图 1-3-12）

2. 燃气利用率问题

燃气虽已广泛利用，但仍存在一定污染和浪费，利用率偏低。主要表现在：

（1）用于民用和发电的燃气只占抽采的一部分，仍有相当部分燃气被直接排到空气中，造成大气污染。

（2）居民用气方式粗放。很多家庭用老式水箱，一天 24 小时，只要没停气，燃气总是处于点燃烧水状态，大量热能白白浪费。（图 1-3-13）

（3）夏季，居民利用燃气采暖的少，所以夏季燃气盈余得多，但浪费得也就越多。

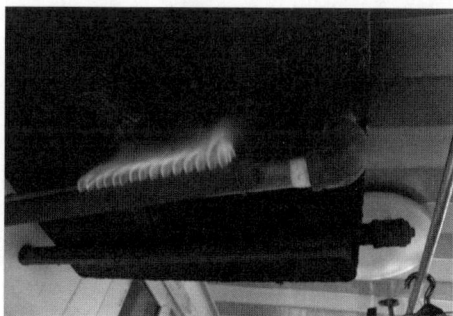

图 1-3-13　老式燃气烧水

3. 污染现象

打通的污染不是主要问题，但也有一些表现：

（1）水泥厂尾气污染，有时比较严重，浓烟弥漫，向四周蔓延开来。（图 1-3-14）

（2）矿部大量废旧设备放置露天造成空间污染，同时大量设备又需要不少人员进行日夜监守。（图 1-3-15）

图 1-3-14　水泥厂污染

图 1-3-15　矿部空间污染

（3）煤矸山雨季矸子被冲刷搬运和，会造成一定的农田、沟渠污染。

（4）石粉厂粉尘污染。打通地区有多处石粉厂，施工时，总会有一定的粉尘污染。（图 1-3-16）

4.路面破坏

由于打通地区一些小煤窑煤炭外运方式是用重货车，重货车长期碾轧路面，打通地区多处路面破损严重。（图1-3-17）

图1-3-16 石粉厂污染

图1-3-17 被重货车轧坏的路面

5.厂地关系

一般情况，厂矿与当地居民相安无事，但一旦遇地震、放炮施工、缺水等情况发生，当地居民首先想到是不是当地厂矿造成的，每逢这个时候，当地厂矿就要和当地政府一道下到居民中，进行耐心细致的解释工作，处理善后。

6.煤炭企业的目前困境

在洗选厂参观时，工作人员介绍说洗选厂近两年来开工不足，这说明煤炭外销困难，为什么会出现这种现象呢？经过分析，我们得出目前煤炭企业步入低谷的可能原因有：①全国煤炭产能有过剩趋向，供销不旺，价格走低，效益下降。②库存仍维持高位。③前些年，大规模投资、产能建设超前。④中国能源结构不断优化、非化石能源比重不断提升。⑤国家推动节能减排、加强生态文明建设、控制煤炭消费总量的影响。

五、建言献策

通过工业环境调查研究，同学们也有一些自己的建议和想法。

1.燃气综合利用问题

（1）夏季燃气盈余得多的季节，可否考虑将燃气液化存储，用于调节冬季燃气的不足。

（2）制定有效措施，改造老式用气设施，减少浪费。

（3）改变用气陋习，倡导低碳生活。

（4）利用新能源。打通地区的太阳能还是比较丰富的。

（5）燃气发电。将多余的燃气用于发电，打通地区这项工作有一定成效，已经有好几座燃气发电厂。（图1-3-18）

2.治理矿部空间污染

大量矿部废旧设备，随意露天堆放，

图1-3-18 学生参观燃气发电厂

既不断遭受氧化锈蚀，又占用了大量地面空间，这个问题应该报请上级部门并加以妥善处理。

3.污染治理

虽然打通地区的工业污染并不严重，但局部的污染还是要引起重视。如水泥厂、石粉厂对空气是有污染的，必须改进工艺流程，加强生产环节中末端管理。

4.资源整合问题

从调查统计中可以看出，打通地区居然有上规模的矿山机械厂三家，都在生产矿山相关的配套产品。目前它们是各自为政，虽然产品种类有一定的差异，难免有设备、产品重复之嫌，如果加以整合，可能会发挥更大的经济效益和社会效益。所幸的是，打通镇已经规划出一块地用来打造工业园区。

5.打通地区煤炭企业的出路

打通地区煤炭企业要走出困境，思路有四：①从短期来看，就是加快安稳电厂二期工程的建设，尽快更多地实现煤炭输出向电力输出的转化，在国家能源需求不断上升的形势下，电力输出总是有市场的。②从长期来看，就要考虑煤炭资源的综合利用了，因为如果始终把煤炭当作能源、当作燃料就太局限了。推进煤炭利用方式的转变，促进煤炭深加工和转化，优化煤炭产业结构是必由之路。③目前能够内部挖掘潜力的是，推进煤炭生产的变革，促进煤炭安全高效开采和清洁高效利用，加快淘汰落后生产能力。④企业机构岗位繁多，效率低下，企业负担沉重，管理成本太高，所以还必须精简机构，精简岗位，提高效率。

六、研究意义和学习心得

通过对打通这么一个工业镇的调查研究，没想到有大收获，既与高中课程有机结合，为同学们树立了正确的地理观，又锻炼了同学们的实践动手能力、人际交往能力、创新思维能力，还使他们懂得了企业创业的艰难，家乡工业企业的发展与忧患，培养了同学们的社会责任感。

　　当然，由于时间有限，活动开展范围有限，所以对打通地区工业了解还不全面。不过同学们收获已经非常丰厚了。

【资料数据来源】

1. 数据来源：

（1）同学调查的第一手资料。

（2）打通镇及煤电公司相关部门提供的资料和数据。

2. 地图来源：通过网络的数字地球获得打通镇地图，再根据数据加工而成。

3. 图片来源：调查过程中现场照片及后期补充照片。

打通中学地理组

2013 年 6 月 10 日

打通镇商业环境状况研究

指导教师：王泽安　杜文婷

内容摘要

通过对打通镇的商业环境状况的调查，可以得出中国当前崛起的很多新型城镇商业发展过程中的普遍特点：农村新型城镇通过商业将城乡有机地联系在一起，促进了城乡的物资交流，同时也解决了农村富余劳动力就近就业问题；商业网点分布广泛，商业街和商业小区已成规模，多家银行、多家大型超市入驻，商业圈初步形成，但是商业网点布局存在不合理因素。同时，学生的商业环境调查反映出店铺租金走势对商业投资有一定的参考价值，对学生来说，则是很好的与社会接触、锻炼社交能力的机会。

关键词

商业布局　店铺种类　租金走势　交通流量　商业圈

开题报告

在中央大力倡导新型城镇化建设的今天，对城镇商业状况调查显得尤为必要。尤其是打通，这是一个位于渝黔交界，又拥有 5 万常住人口的工业大镇，其商业环境大有研究价值。通过调查，我们可以了解城镇商业经营状况、商业布局的合理性、商业投资的可行性，进而了解城镇商业在城镇化过程中的重要作用。由于商业领域涉及面广，高中生在有限时间内，不可能面面俱到，因此，打通中学这次选题主要在商业网点布局、店铺租金、打通镇商业发展规划方面做一些调查研究。

正文

一、研究对象、内容和研究方法

1. 打通镇所有街道和小区商业店铺经营项目、商铺类型、商铺面积、租金调查，研究方法为实地走访调查；

2. 打通镇商业发展规划，研究方法为采访调查；

3. 打通镇马路交通流量调查，研究方法为分不同时段、不同路段抽样调查。

二、研究步骤和过程

1. 调查分组

以打通中学高 2014 级全体学生作为调查人员的主体。每个班为一个调查中队，调查中队下又分成 4 个调查组，每组成员由 10~15 人组成。

2. 调查分工

每个调查组推举一名组长，负责组织协调、调查线路顺序的安排等工作；一名书记员，负责记录第一手原始数据或材料；两名校对员，负责监督和提醒书记员记录，以免出错；其他人员负责问询、采访，收集数据资料；每个调查组有一名老师随行，只负责安全，不在调查中喧宾夺主。

3. 时间安排

主要是各班的地理课时间，调查在一节课内完成。对于行程较远的路段或调查点，则需要两节课时间（另调一节班团课或其他课）。为了调查结果的相对稳定性，所有调查在 2012 年 5 月中旬的一周内完成。

4. 具体布置（参见表 1）

表 1

班级	1 小组	2 小组	3 小组	4 小组
一班	镇政府采访	镇政府采访	镇政府采访	镇政府采访
二班	交通流量调查	煤苑小区商业调查	煤苑小区商业调查	煤苑小区商业调查
三班	交通流量调查	正街商业调查	正街商业调查	正街商业调查
四班	交通流量调查	正街商业调查	正街商业调查	正街商业调查
五班	交通流量调查	正街商业调查	正街商业调查	正街商业调查
六班	交通流量调查	菜市场调查	菜市场调查	菜市场调查

（续表）

班级	1 小组	2 小组	3 小组	4 小组
七班	交通流量调查	场镇边缘调查	场镇边缘调查	场镇边缘调查
八班	交通流量调查	正街商业调查	正街商业调查	正街商业调查
九班	交通流量调查	车站商业调查	车站商业调查	车站商业调查

三、研究结果结论和讨论分析

1.店铺种类分布

通过各调查小组的实地走访，打通镇大致可分为四个商业区：正街中心商业服务区、菜市场农副产品及小百货批发商业服务区、老街及小区的餐饮娱乐商业服务区、车站至沿河及大石壁机修汽修商业服务区。（图1-3-19）

（1）正街（打通中路）中心商业服务区。该区从老街区到四合院，集中了全镇所有的中高档品牌服装店、皮具箱包店、电器店、中高档家具店、首饰金店、四个大型超市及工商银行、建设银行、农业银行、农村商业银行、邮局等，是全镇商业最繁华的路段。此外，全镇大部分药店和移动、联通专营店也在该区。（图1-3-20）

（2）菜市场农副产品及小百货批发商业服务区。该区从菜市场到四合院一带，承担了全镇大部分蔬菜肉食、干杂海鲜的供应，还有文化用品和副食品批发，中低档服装的经营。（图1-3-21）

（3）老街及小区的餐饮娱乐商业服务区。由于重庆能投集团最大的能源基地松藻煤电公司落户打通镇，因此煤苑

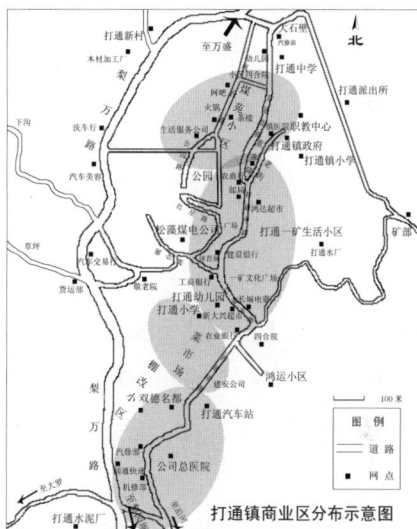

图1 3 19 打通镇四大商业区

图1-3-20 采访正街商铺

小区是打通镇最大的生活小区。从老街到小区一带自然成为餐饮的中心地带，该商业服务区集中了全镇大部分与重庆加盟的火锅店、炒菜馆，以及颇具打通本地特色的羊肉馆，早餐店也散布其间，生意红火。娱乐方面，全镇多数 KTV 音乐厅、音乐包间、老茶馆、文化茶楼、文化体育活动中心也集中分布在该区。（图 1-3-22）

图 1-3-21　采访农贸市场

图 1-3-22　采访小区餐饮店

（4）车站至沿河及大石壁机修汽修商业服务区。该区位于场镇边缘，位置稍偏，集中了所有的机器、汽车、摩托车维修服务部、货运物流服务部。

此外，在打通一矿矿部所在地，由于有不少上下班员工集结，也有一些餐饮店和小商店；万盛到梨园坝的二级公路通车后，在梨万公路两侧也开业了不少店铺，如汽车交易行、洗车行、汽车美容店、物流货运部。（图 1-3-23）

2. 店铺租金走势

图 1-3-23

打通镇商业店铺租金走势图

打通镇街道店铺租金走势与店铺位置、顾客购物的便捷程度，以及交通的能达度密切相关。

（1）在梨万公路沿线、车站到沿河一带、一矿矿部大楼附近等城镇边缘地区，租金水平较低，一般在 10~20 元 / 平方米之间，有的甚至在 10 元以下。

（2）在煤苑小区、打通中学附近店铺租金水平一般在 20~30 元 / 平方米之间，在公司总医院附近也有租金在 20~30 元 / 平方米水平的。

（3）在菜市场、老街一带，店铺租金就

上升到 30~40 元 / 平方米水平了。

（4）在正街从老街口到四合院，店铺租金水平最高，一般都在 40~50 元 / 平方米之间，其中路口转盘一转租金水平超过 50 元。

3. 交通流量分析

调查组在白天随机的 8 个时段进行了各半个小时、共 4 个小时的随机蹲点记录，进出镇的各类机动车有 2360 辆，平均每分钟有 9~10 辆车经过。从进出镇的机动车车型方面来分析，又有如下特点：

（1）参看表 2，从选取的三个时段共计 90 分钟的交通流量情况可以看出：进出镇的车

表 2

车型	进镇	出镇
两轮摩托	236	170
三轮车	51	46
小轿车	85	55
长安车	43	42
中小货车	24	12
大货车	20	18
大客车	6	7
环城公交	12	13

除小轿车以外，两轮摩托、三轮车、长安车、中小货车为主，这些交通工具正是城镇对周边农村地区进行商业辐射的主要交通工具。

（2）根据观察，从进出镇的货车装载情况来看，中小货车、三轮车、两轮摩托进镇装载货物较少，主要是农副产品，而出镇时主要装载各类小百货和其他生活必需品。而大货车和一些专用车，进镇货物多，出镇货物少，应该是从大城市运送物资来的。

（3）商业辐射面向贵州。在车站的调查小组反馈回来的信息表明，每天发往贵州温水习水的班车有七班，另外在城镇也能见到贵州牌照的私车和小货车，在菜市场也有不少来自贵州卖山货或采购物品的村民。

4. 其他调查结果

（1）高度饱和的菜市场。

调查过程中发现一个非常严峻的情况。菜市场非常拥挤，高度饱和，很多零售摊位已经延伸到正街（打通中路），在正街百米长的路段，交通受到严重影响。

（2）零乱的小摊点。

不管在正街还是在小区都有不少临时摊点，基本上是占道经营。主要经营

烧烤、水果、小商品，有些正规店铺也将摊位延伸到人行道上经营。说明商业经营活动不够规范。

四、商业环境综合分析

1. 商业网点布局

从全镇范围来看，商业网点分布广泛，已出现功能分区。以打通中路为核心，成为商业圈核心。该地段租金最高，商业活动最频繁，引领全镇的消费时尚。

打通地区的生活小区商业活动也比较活跃。煤苑小区、鸿运小区、打通一矿生活小区都有比较成熟的商业活动，餐饮娱乐、百货小超市、粮油副食部、果蔬经营都有网点分布，布局较为合理，即将投入使用的棚改小区也有很多商家准备入驻。

随着万梨二级公路的建成通车，万梨路从打通经过时，正好形成一个位置优越的城镇环路，极具商业潜力。一些汽车交易、汽车美容、汽车维修、货运物流的商家已经开店营业。

2. 问题与思考

（1）亟须拓展新的菜市场。对于有 5 万多常住人口的打通镇，一个菜市场显然不够，而且由于现在的菜市场面积狭小、店铺零乱，容量非常有限，而大的生活小区没有蔬菜超市，小区居民买菜不便。所幸，从到打通镇政府进行采访的小组反馈回来的信息得知，打通镇已经在棚改小区、煤苑小区外侧做了设置菜市场规划，2013 年底能够解决菜市场问题。（图 1-3-24）

图 1-3-24 采访镇政府工作人员

（2）总医院区位不合理。在打通镇，设备、功能、科室最齐全，医疗人员最多的医院就是松藻煤电公司总医院，但是，总医院的位置偏安一隅，离煤苑小区、打通一矿生活小区都很远。商业繁华的打通中路只有一两家小诊所，经营人满为患，而公司总医院却门庭冷落。

（3）区位优势不再的建材超市。打通中路有两家建材超市，应该说，5~10年前，在那个位置还算合理的。但在店铺租金很高的今天，建材超市在中心商业区已经不合适了。正如所言，截至发稿时，已有一家建材超市搬迁。

（4）不合理的汽修部。打通中学校门外不到20米，就有一个汽车维修部，来往的待修车辆，满地的油污，无论从安全，还是从卫生角度都不合格。

（5）小区占道商业摊的治理。这些临时摊点虽然一定程度上方便了小区居民的生活，但总存在安全方面的隐患，给居民出行带来许多不便，应该加以规范和疏导。

五、研究性学习心得

1. 研究意义

结合高中地理有关产业活动、区位因素、区域联系方面的知识，组织学生进行当地商业活动的地理环境分析，有助于学生理论与实践的结合，对培养学生组织策划能力、人际交往能力、归纳分析能力、阐述表达能力具有现实的意义。

2. 学习心得

整个研究调查学习过程，分为策划组织阶段、实地调查阶段、资料整理阶段、数据分析阶段、报告阐述阶段。学生们克服了不少困难，获取了第一手材料，当资料汇总整理，通过数据分析得出结论，又引发很多启示，学生们的成就感油然而生。

调查期间，为了获取数据，想尽很多方法与店主沟通交流，在锻炼学生的社交能力上，大有收获。同时，学生们也感受到商业经营的不容易。作为一个商业经营者，既要想店铺租金水平低，又要考虑客流量大，区位恰当，真的很不容易。这给当代高中生在成功迈向社会、完成与社会接轨的过程中上了重要的一课。

3. 调查尴尬

调查过程中，也有一些花絮，值得学生思考。多数受访者能热情介绍，为调查小组有效数据，但是，也有一些店铺经营者不配合的。比如，少数店主对学生的问卷调查高度警觉，防范之心甚重，以致学生无功而返；又如，有的店主带着调侃、戏弄意味与学生交流，学生不仅没有获得有效数据，反而受到捉弄，很受伤。当然，这些也让学生们对社会的复杂性多了一些认识，从个人成长角度来说，未尝不是件好事。

【资料数据来源】

1. 数据来源：学生调查的第一手资料，汇总而成。

2. 地图来源：通过网络的数字地球获得打通镇地图，再根据数据加工而成。

打通中学地理组

2013 年 3 月 4 日　星期一

盘谷漂流旅游项目可行性调查研究

指导老师：张诗莉　李　炜　王泽安

学生：××中学高 2018 级 5、6 班

一、研究背景

当今社会，人们物质生活水平不断提高了，也越来越愿意从事户外旅游探险活动。在此背景下，全国各地各种吸引眼球的旅游项目如雨后春笋，应运而生。打通镇双坝村也依据独特的自然地理环境，开发建设了盘谷漂流旅游项目。

但是，这个盘谷漂流项目到底可不可行？对自然环境是否有破坏，是否符合可持续发展的理念？结合高中地理教材中有关区域可持续发展、生态环境保护的相关内容，我们高二年级文科班学生对打通镇双坝村盘谷漂流旅游项目进行了可行性调查。

二、研究意义和价值

该项目的调查研究，让我们高中学生对区域开发、可持续发展、生态环境保护等知识有了感性直观的了解，此次调查研究活动培养了我们组织策划、语言表达能力，待人接物、观察分析、归纳综合等能力。

同时，我们的研究成果还可以为打通镇对该旅游开发项目的科学管理提供重要参考，为旅游项目开发经营方提出合理意见和建议。

三、研究对象

打通镇双坝村盘谷漂流旅游项目

四、研究内容

打通镇双坝村盘谷河流项目的规划开发现状、旅游区的自然环境、人文环境、自然灾害、生态保护等。

五、研究方法和措施

政府采访、实地调查、网络查询。

六、小组成员及分工

（一）团队组织结构（见表1）（图1-3-25）

表1

	组长	成员
正方组长	廖 涛	汪永佳、李其英、陈茂、林渝、秦鑫、吴岑旋
	郭嘉利	李双香、陈莎、钟莹、杨怡丹、刘芳、李月圆、张霞
反方组长	吴德馨	李茂霞、付骞、张蕾雨、胡瑞、黄兴、钟志明、刘思宇
	李茂霞	张敏、吴钰桦、吴晓丽、陈兴悦、杨莲月、刘长庆

图1-3-25

图1-3-26

（二）团队分工（见表2）

表2

负责事项	成员
资料查阅	全体成员
安全员	吴德馨、廖涛、钟志明、秦鑫
书记员	钟志明、秦鑫、李月圆、张敏、钟莹、吴晓丽、陈兴悦、杨莲月、刘长庆、
摄影师	廖涛、黄兴、吴德馨
资料汇总，形成报告	汪永佳、付骞、郭嘉利、李双香
展示人员	吴德馨、郭嘉利、钟志明

七、时间安排（见表3）

表3

时间	内容
2016 年 3 月	课题构思和小组组建，我们分四个组，正方两组和反方两组。
2016 年 4 月	课题调查问题设置，分组讨论。
2016 年 5 月	前往打通镇政府采访，了解政府层面的规划和管理措施。（见图 1-3-26）
2016 年 6 月	指导教师前往盘谷漂流基地进行前期踏勘，给提出考察路线、观察点方面的建议，以及对外出考察的安全性进行评估。
2016 年 10 月	盘谷漂流基地实地考察前的筹备。
2016 年 11 月	盘谷漂流基地实地考察，进行全面观察，做好采访记录，做好图片和视频资料的收集。（图 1-3-27）
2016 年 12 月	完成研究报告并进行成果汇报。（图 1-3-28）

图 1-3-27

图 1-3-28

八、主要研究成果

（一）盘谷漂流基地的自然环境优势

盘谷漂流位于重庆綦江区打通镇双坝村境内，距离重庆主城约 95 千米，距离綦江城区约 40 千米，离"川东第一山水古镇"——东溪古镇仅 20 千米，在重庆一小时经济圈内。景区属典型喀斯特地貌构成的集山、水、泉、竹、崖、林于一体的"U"形原生态峡谷，总体面积约 15 平方千米，平均海拔约 1200 米，年平均温度约21℃，是夏季极佳的避暑胜地。峡内山清水秀，竹海层峦叠嶂，青竹遍布，绿浪起伏，群峰耸立，沟壑幽深，飞瀑蒸腾，溪水欢腾，清流潺潺。峡谷原始植被极为丰富，森林覆盖率达93.8%，空气清新，空气中负氧离子含量极高，是一个天然竹海大氧吧。（图1-3-29、图1-3-30）

图1-3-29

图1-3-30

（二）盘谷漂流基地的项目优势

景区的"极速滑水漂"，是新一代漂流的佳作。作为向游客开放的全新景区，盘谷旅游度假区以峡谷山泉漂流为特色，全长6千米，全程近300米极限落差，落差高达6米，大小落差共有120多处，被誉为"重庆落差最大峡谷漂流"。

漂流区水质清澈，漂流道经专家精心设计，尽量保持原始风貌，蜿蜒崎岖，高低起伏，时而惊涛拍艇，时而飞流直下，更有古桥、石洞悬于水上，让人震撼；百米绝壁飞瀑，恰似人在水中漂，如在画中游；皮艇还会从翠绿的竹海中穿过，片刻宁静之后的激情碰撞，惊险而刺激。

（三）盘谷漂流基地的综合优势

漂流区上游大坝，拦蓄储水达8000万立方米并形成青山掩映下的碧幽湖，可以泛舟荡漾，乐在其中。

立足于峡谷、温泉等自然资源，除了打造漂流运动，盘谷漂流基地还可以让游人来花田休闲，游憩乡野，体验原生态溪谷综合旅游，同时还将打造春赏花、夏漂流、秋品果、冬泡泉的旅游综合体。

九、问题与讨论

同学们在调查访问和实地考察中，出现了两种截然不同的观点，一部分同学认为该旅游项目前景可观，可继续发展。另一部分则持怀疑的态度，认为开发该项目一定要慎重。下面就从正反两方面来进行介绍。

（一）经济方面

1. 正方：盘谷漂流项目建成后，当地农户的农产品可以直接卖给景区，或者农户间组建农家乐，与景区进行合作，这样就可以带动景区周边地区的发展。同时，景区道路拓宽，将土路修成水泥路后，居民出行方便，卖出农产品也方便。景区除了建设盘谷漂流外，还将建设露营地、烧烤等项目，在漂流淡季时，一定程度上增加当地居民经济收入，带动当地脱贫致富（见图1-3-31）。此外，景区内有古老的悬崖古寺、锅儿潭、老驴坝、石螺沟、射箭坪等古地，游一游这些地方，听一听民间传说，传奇的故事和优美的环境能让人百愁俱消，心旷神怡。

图1-3-31

2. 反方：根据实地调查表明，盘谷景区的道路虽已经拓宽，但从入口到盘谷漂流售票处的路大部分只能通过一辆车，道路相对拥堵。在重庆市与周边地区中，有众多开发时间长、知名度高的漂流项目，周边有许多有特色、有名气的露营区。盘谷漂流算是一个新建项目，虽这两年曾试漂，但从我们的调查来看，盘谷漂流景区的基础设施，露营区、烧烤区仍处于半开发状态，后期尚需大量资金

图1-3-32

投入，短时间成本难以收回，更不用说经济效益。（见图1-3-32）

（二）环境·生态

1.正方：据景区负责人介绍，景区将一块荒地开发种植竹子，在漂流河道边也会进行楠竹移植，不仅给游客美好的视觉享受，还能将河道两边的山坡固化，保护水土防止山体滑坡。另外，两岸坚固的滑道护堤，本身就可以防止水土流失。（见图1-3-33）

2.反方：为了安全性着想，开发商将漂流河道全人工化，对河道破坏性强，不仅改变了河道原貌，人们在漂流过程中缺少自然感官，还影响水生生物生长，破坏生物的多样性。在去漂流起点的路上道路泥泞，两侧山坡坡度大，土质疏松，该地夏季降水多，降水强度大，容易发生山体滑坡、泥石流等自然灾害，危险系数大。（见图1-3-34）

图1-3-33

图1-3-34

十、结论与建议

图1-3-35

通过本研究性学习小组的研究可以得出如下结论：盘谷漂流旅游项目有开发价值，但要成为成熟景区，还有很长的路要走。为此，我们有如下建议。

（一）综合效益的发挥

盘谷漂流项目可以恰当地宣传，不仅可以提高打通镇的知名度，还可以吸引其他产业的入驻，在一定程度上促进打通镇及周边地区的经济发展。由于景区开发将把一些山路修建成平坦的水泥路，交通条件大为改善，也促进当地与外界的文化交流。（见图1-3-35）

（二）科学与理性开发

旅游项目的开发，一定不能以牺牲环境为代价。盘谷漂流旅游项目的开发，河道中滑道的修建，本就改变了天然的河道，因其筑坝拦水对自然生态造成了不可逆转的影响。因此，更应该注重本地生态环境的恢复和保护，河谷中的植被还应该增加，除了让风景更美，也减弱自然灾害的破坏力；某些地段的洄水沱、小水池要保持原样，水生生物尽量不要惊扰；漂流区上游的库区不能破坏水生环境，也不能贸然地、不科学地放养其他鱼类，以免破坏水质和原有生态。

（三）政府要加强监管

旅游开发的良性发展，一定要有政府的监管、法治的保障。以免旅游景点开发商单纯从经济利益角度，对当地资源进行掠夺性开发、破坏性经营，造成无法挽回的生态灾难。

地理研究性学习小组

2016 年 11 月 18 日

04 实验探究篇

水火箭的制作与发射

指导教师：徐玉和

一、研究背景

如今利用航天器械探索宇宙越来越频繁，如阿波罗登月、旅行者号探测器、天宫空间站。而运载火箭是人们脱离大气层，飞向太空的重要工具。它们是怎样飞向太空的呢？带着这个问题，我们研究小组决定做一个模拟火箭发射的模型，了解火箭发射理论知识和相关的物理知识。

二、研究目的和意义

通过火箭的制作和发射，可以让我们初步认识运载火箭和导弹发射升空、飞行的原理。运用物理知识牛顿第三定律、动量守恒定律及惯性，探索运载火箭和导弹的发射飞行情况，激发我们对科学技术的探索欲望。

三、可行性分析

（一）理论依据：反冲[1]，为我们提供丰富的理论依据。水火箭内部有合适的水，火箭在内部压力的作用下将水分裂成两个部分：一部分向某个方向运动，另一部分必然向相反的方向运动形成反冲现象。遵循动量守恒定律[2]。

（二）空旷的操场，为我们提供良好的发射场地。

（三）良好的协作团队，是我们研究性学习的基石。

四、研究方法：

推理法　　　实验法　　　总结法

五、小组成员及分工（见表1）

表1　团队成员及分工

成员	主要任务
卢威铭（组长） 王鑫	研究过程的规划、组织、火箭拼装与研究报告撰写
杨露露	购买材料
周骏梅	摄像
王鑫	实际测量、绘计水火箭草图、数据记录

六、实施计划（见表2）

表2　实施计划

时间	参加人员	地点	活动内容
2017.12.06— 2017.12.10	卢威铭、周骏梅、王鑫、杨露露	教室	组建研究小组、制定研究内容、设定组员分工
2017.12.12 2017.12.20	卢威铭、周骏梅、王鑫、杨露露	教室	讨论水火箭飞行状况并提出猜想
2017.12.22	卢威铭、王鑫	教室	收集资料
2017.12.25	王鑫	教室	设计草图
2017.12.28	卢威铭、周骏梅、王鑫、杨露露	操场	水火箭拼装发射及数据记录并分析总结在实验中遇到的问题并证明猜想
2018.01.04— 2018.01.20	卢威铭	教室	撰写报告 PPT 制作

七、具体实施过程

1. 查找资料，制订实验方案

由王鑫和卢威铭查找资料，知道了水火箭的发射原理，小组成员探究制订出实验方案。我们首先画出水火箭的草图。（图1-4-1、图1-4-2）

图1-4-1　查阅资料

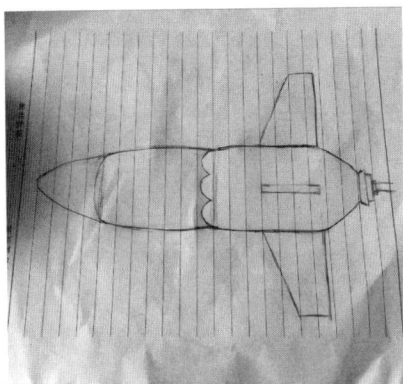

图1-4-2　绘计草图

2. 在网上购买材料，准备实验器材和用品（见表3）（图1-4-3）

图1-4-3　材料

3. 准备实验器材和用品（见表3）

表3

材料	规格	数量	生产厂家
饮料瓶	500ml	2个	新兴购超市
气门	270mm	1个	余姚市智达教仪设备有限公司
打气筒	中号	1个	新兴购超市
发射器	有轨发射器	1个	余姚市智达教仪设备有限公司

（续表）

材料	规格	数量	生产厂家
刀子	小型水果刀	1 把	晨光
胶水	520 强力胶	1 瓶	晨光
胶带	电工胶带	1 个	晨光
水火箭弹头	实心、空心	各 1 个	七波科技
尾翼	长：71mm 宽：45mm	4 片	七波科技

3.1 实验目的

利用反冲原理，制作并发射水火箭，了解火箭发射理论知识和相关的物理知识。

3.2 实验原理

水火箭内部装入合适的水，火箭在内力的作用下将水分裂成两个部分，一部分向某个方向运动，另一部分必然向相反的方向运动形成反冲现象。

4. 实验内容及步骤

4.1 水火箭制作

第一步：我们把其中一个饮料瓶的底部用剪刀剪开。（图1-4-4）

剪完后用剪刀修整饮料瓶的边。（图1-4-5）

第二步：把剪完的饮料瓶和完整的饮料瓶底部对接并缠上胶带固定。（图1-4-6、图1-4-7）

第三步：把弹头安装在瓶口，用胶带固定。（图1 4-8、图1-4-9）

第四步：贴上尾翼。（图1-4-10）

第五步：在箭尾处安装好气门。（图1-4-11）

第六步：把做好的水火箭和发射器对接。（图1-4-12）

第七步：用打气筒连接上发射器。（图1-4-13）

4.2 发射仰角对水火箭飞行距离的影响

4.2.1 实验说明：用不同仰角对水火箭进行发射，测量出火箭的飞行距离。

4.2.2 实验步骤：

（1）用打气筒对着饮料瓶打气，实际测出瓶内空气压强上限约为 8kPa

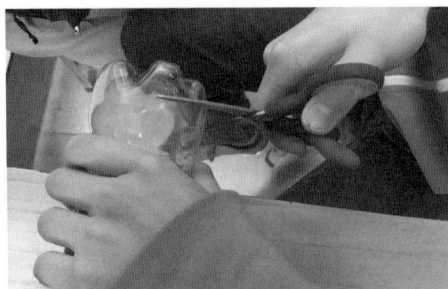

图 1-4-4 剪开底部

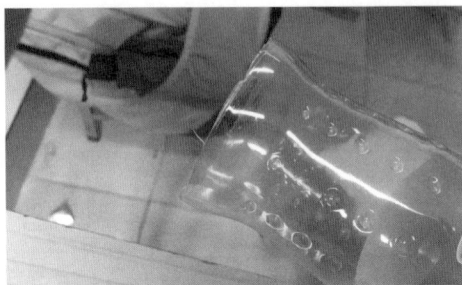

图 1-4-5 剪完后

图 1-4-6 连接底部

图 1-4-7 连接完成

图 1-4-8 安装箭头

图 1-4-9 安装完成

图 1-4-10 贴上尾翼

图 1-4-11 安装气门

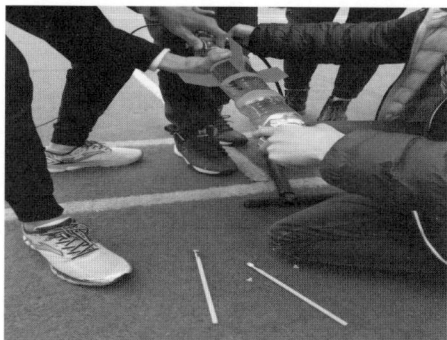

图 1-4-12 对接发射器

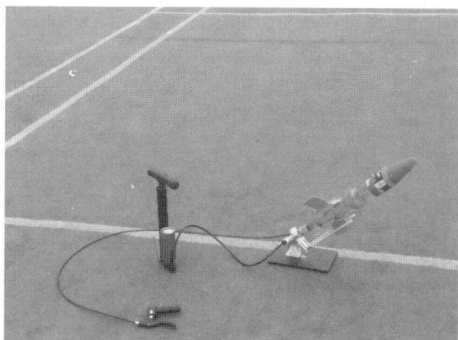

图 1-4-13 组装完成

（2）把 200ml 的水倒入水火箭箭体内

（3）给瓶内打入合适的空气

（4）分别采用不同角度进行发射，再用卷尺测量出距离

4.2.3 实验结果与讨论

表 4 不同仰角发射实验数据

发射仰角	35°	45°	55°	65°	75°
飞行距离	117.15m	203.09m	214.47m	157.62m	132.11m

在以水位、压强不变的条件下，采用不同的仰角大小对水火箭进行发射，实验数据表 4 可以看出我们所使用的仰角都可以对水火箭发射距离造成影响，在其他条件不变的情况下，不同仰角大小的对发射距离的远近不一样。55° 角发射距离最远，其次是 45°、65°、75° 和 35°，但是我们用斜抛计算出水火箭在仰角为 45° 时射程最远，而为什么却在仰角为 55° 时射程最远呢？因为在利用斜抛计算的时候忽略了空气阻力，可是在实际中空气阻力无法忽略，造成水火箭在 55° 是射程最远。

4.2.4 实验结论：

从这次的实验结果我们可以得出，水火箭的飞行距离和发

图 1-4-14 现场操作

射仰角有关，55°时射程最远，因此，在后续实验中我们主要使用发射仰角为55°做实验。（图1-4-14）

4.3 水位高度对水火箭飞行距离的影响

4.3.1 实验说明：

用55°仰角对水火箭进行发射，再加入不同体积的水，测量出火箭的飞行距离。

4.3.2 实验步骤：

（1）把发射器的仰角调整固定在55°

（2）分别用0ml、200ml、400ml、500ml体积的水进行发射

（3）用卷尺测量出水火箭飞行距离

4.3.3 实验结果与讨论：

表5　瓶内水体积发射实验数据

瓶内水的体积	0ml	约167ml	250ml	500ml
飞行距离	50.97m	214.14m	163.62m	无法充入气体

从实验数据表5我们可以看出：在其他条件不变的情况下，瓶内水的体积的多少会导致飞行距离的远近不一样。水位在500ml时，瓶内容积已被水装满，打气筒无法通入空气。装入约167ml体积的水时飞行距离最远，其次是250ml和不装水的情况下。这是因为：由于空气阻力的影响，在发射飞行的时候，水火箭的水平射程跟质量有关，在相同的发射速度和发射仰角条件下，质量较大时空气阻力的影响要小一些，所以水平射程就越远；另外，在发射的过程中水的质量的大小要影响发射速度，所以它的质量必须达到合适值，水平射程才是最远。

4.3.4 实验结论

从实验结果我们可以得出，水火箭的飞行距离和水体积的多少有关，因此，在后续实验中我们以200ml体积的水进行探究实验

4.4 水火箭弹头重量对水火箭飞行的影响

4.4.1 实验说明：

分别安装空心弹头和实心弹头，进行发射，观察水火箭在飞行中的变化。

4.4.2 实验步骤：

（1）装上空心弹头，进行发射，观察水火箭飞行中的变化情况

（2）装上合适实心弹头，进行发射，观察火箭飞行变化情况

（3）装上较重的实心弹头，再次进行发射，观察火箭飞行变化情况

4.4.3 实验结果讨论

在其他条件不变的情况下发射，我们对水火箭飞行过程进行观察，得到装空心弹头的火箭在飞行过程中偏离航道；装合适的实心弹头水火箭在飞行过程中稳定没有出现旋转和偏航的问题，而装较重实心弹头的水火箭在飞行过程不停地旋转。这是因为此时重心明显偏前，这时候火箭旋转时的几何中心为重心，所以我们把重心 G 当成支点，在只受重力的情况下弹头即成一个以 G 为支点的平衡杠杆。在飞行时，弹头 A 与尾部 B 将受到空气的作用力的影响，所以就打破了这种平衡，在飞行的过程中会不断的旋转。

实验总结：水火箭在以发射仰角为 55°，装水体积 200ml，用合适的实心弹头发射时，火箭在飞行中最稳定，而且飞得更远。这次实验也有不足之处：水量的多少会导致水火箭的重心和发射仰角的大小有所变化，影响射程，可惜时间有限无法进一步实验。

八、心得体会

1. 这次研究性学习，从团队建立，到制订计划落实实施，都极大地锻炼了我们的实践能力和团队协作能力。

2. 在实验中，培养了我们实验观察能力，动手动脑能力，以及科学探究能力，立志长大后为我国科学技术的发展出一份力。

3. 最让我们感慨的是，研究性学习让我们把物理课上所学的知识学以致用，感受我们身边的物理。

4. 最让我们惊喜和幸福的是通过水火箭的设计与发射，我们了解了运载火箭发射原理，我们感觉学习很快乐。

九、参考文献

［1］课程教材研究所物理课程教材研究开发中心. 普通高中课程标准实验教科书物理选修 3-5[M]. 北京：人民教育出版社，2010:63-69.

以水果为原料制作电池

指导教师：王天会　向乾团

一、课题研究意义

在学习化学原电池理论知识后，为丰富课外活动，增强对理论知识的学习，采用水果为材料制作原电池，培养我们的观察能力、实验能力、动手能力、实践能力、科学探究的能力，激发我们学习化学的热情，并能学以致用，走近我们身边的化学，展开这次研究性学习。

二、课题研究背景

电能是我们生产生活所必需的能源，而原电池是将化学能转换为电能的装置，构成原电池有四个条件：①活泼性不同的两电极；②电解质溶液；③自发地氧化还原反应；④闭合的回路。由于水果中的汁液是电解质溶液，用活泼性不同的两电极插入水果中，水果中的电解质溶液可与活泼的金属发生氧化还原反应，发生电子转移，用导线链接，形成闭合的回路就可产生电流。11月份正是盛产橙子、柚子等水果的季节，为我们提供丰富的资源，同时学校实验室也为我们提供了相关的材料，通过本次研究性学习，能帮助我们理解原电池理论知识和相关的物理知识。

三、可行性分析

1.理论依据：化学原电池原理知识[1]，为我们提供丰富的理论依据。水果中有大量的非中性液体，内含大量可自由移动的电荷，但电荷总量很小，所以不会对人体造成伤害，在插上两活泼性不同的金属片后，形成回路，即可够成原电池，产生电流。

2.优质的水果，为我们提供丰富的能源保障。

3.实验室良好的实验设备，为我们提供良好的硬件基础。

4.良好的协作团队，是我们研究性学习的基石。

四、研究方法

1.文献法；2.实验法。

五、小组成员及分工

1.团队成员（见表1）

表1 团队成员

组长	组员
陈亮	李灏霖、李航、王鸿、罗德川、张彩嵘、黄钦、何仕会、冷松涛、秦浩、石维权

2.团队分工（见表2）

表2 团队分工

负责事项	相关人员
查找资料，电脑设计，制订计划	李航、李灏淋、陈亮、何仕会、黄钦
水果采集，实验准备	王鸿、黄钦、陈亮、秦浩、石维权
实验操作	张彩嵘、罗德川、李灏淋、秦浩、李航、陈亮
现象记录	黄钦、冷松涛
资料汇总，形成报告	李航、陈亮、黄钦
照相	罗德川、何仕会、石维权
展示人员	陈亮、李航、李灏霖

六、实施计划（见表3）

表3 计划安排

时间	内容
2015 年 11 月 23 日	查找资料，制订实验方案
2015 年 11 月 27 日—29 日	在家中摘水果和购买水果、购买器材等
2015 年 12 月 5 日—6 日	做实验
2015 年 12 月 7 日—13 日	整理数据撰写研究报告
2015 年 12 月 14 日—15 日	制作 PPT 准备展示

七、具体实施过程

1.查找资料，制订实验方案

由陈亮、李航等查找资料，小组成员探究制订出实验方案。在网上查找资料，我们得出水果是可以用来制作电池的，我们首先考察电极距离、不同水果产生的电压，进而选择较好的实验条件制作电池，使二极管发亮、使钟表走动。（图 1-4-15）

图 1-4-15　查找资料

2.准备实验器材和用品

（1）在家摘取橘子和柚子等水果；

（2）在超市购买苹果、柠檬、菠萝、番茄、柿子等。（图 1-4-16）

图 1-4-16　收集实验用的水果

（a：家中摘水果；b、c、d：超市购买水果）

3.实验部分

3.1 实验目的

利用原电池原理，自制电池使 LED（发光二极管）发光和时钟偏转。

3.2 实验原理

将连接有锌片和铜片两电极插入水果连接线和多用电表形成闭合回路，发生氧化还原反应，产生电流，使多用电表指针偏转，进而选择良好的实验条件，让 LED 发光和时钟偏转。（图 1-4-17）

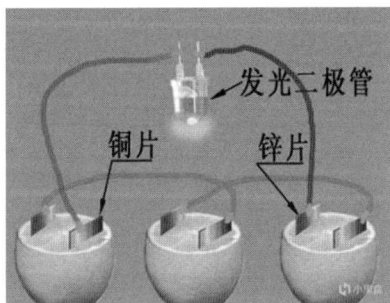

图 1-4-17　水果发电原理

3.3 实验用品

表4 仪器和用品

仪器名称	规格（或型号）	生产厂家	数量
铜片	宽 × 长：0.5cm×4cm	余姚市智达教仪设备有限公司	8片
锌片	宽 × 长：0.5cm×4cm	余姚市智达教仪设备有限公司	8片
学生多用电表	J0411	浙江台州电表厂	2台
导线	铜丝导线带夹子	打通中学物理实验室制作	8根
LED	电压1.6V，电流5mA	深圳市林欣电子有限公司	2个
时钟	常胜钟表	235	1个
砂纸	200目	常平振昊研磨材料加工厂	1张
烧杯	50ml	重庆玻璃仪器生产厂	4个
尺子	0~15cm	晨光	2把
刀子	铅笔刀	晨光	2把
橙子	1个 30~50g	王鸿　家中	8个
柚子	1个 500g~1000g	张彩嵘　家中	1个
番茄	1个 100g~150g	打通新大兴超市	3个
柠檬	1个 10g~50g	打通新大兴超市	8个
苹果	1个 200g~250g	打通重客隆超市	8个
柿子	1个 200g~250g	打通重客隆超市	3个
菠萝	1个 500~1000g	打通重客隆超市	1个

4. 实验内容及步骤

实验4.1：考察不同电极距离对电压的影响

4.1.1 实验说明

采用柠檬为原电池电解质，将锌片、铜片分别以不同电极距离插入柠檬中，与多用电表相连，观察多用电表的偏转，记录电压读数，以考察电极距离对电压的影响。

4.1.2 实验步骤

（1）将锌片和铜片用砂纸打磨，除掉锌片和铜片的氧化膜。

（2）把打磨后的锌片和铜片，保持两电极的距离为 0.5cm，插入柠檬中。

（3）将多用电表[2]，开到 2.5V 挡，用多用电表测的正极接触铜片，负极接触锌片，观察指针偏转。

（4）记录多用电表的度数。

（5）分别调节电极距离 1cm，2cm，重复步骤（3）、（4）。实验过程（图1-4-18）

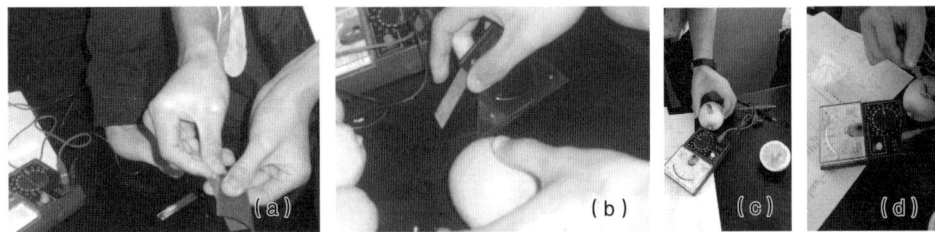

图 1-4-18 实验过程图
（a：打磨；b：测量电极距；c：插入电极；d：测电压）

4.1.3 实验结果与讨论：

表 5 电极距离对电压的影响

实验序号	（1）	（2）	（3）
电解质材料	柠檬	柠檬	柠檬
电极距离（cm）	0.5cm	1cm	2cm
电压（v）	0.3	0.25	0.20
电压大小比较	（1）＞（2）＞（3）		

在其他条件不变的情况下，用同样的水果，比较不同电极距离对电压的影响，从以上实验数据（表5）中，我们可以得出：两电极间距离越大，水果电池产生电压越小，电极距 0.5cm 时产生的电压最大，在 2cm 时电压最小。

4.1.4 实验结论

由于我们在后面的实验，要求电池的电压尽可能大，因此我们在以后的实验中选择了以 0.5cm 的电极距离进行以下实验。

实验 4.2：考察不同水果对电压的影响

4.2.1 实验说明

将锌片和铜片间以 0.5cm 的距离插入水果中，并且将铜片这一极与多用电表正极相连，锌片这一极与多用电表负极相连，观察多用电表电压偏转的刻度。

4.2.2 实验步骤

（1）将打磨过的铜片和锌片，以电极距为 0.5cm 插入水果中；

（2）将多用电表，开到 2.5V 挡，用多用电表测的正极连接铜片，负极连接锌片，观察指针偏转。

（3）记录多用电表的读数。

（4）换用不同水果（图 1-4-19），重复步骤（3）、（4）。

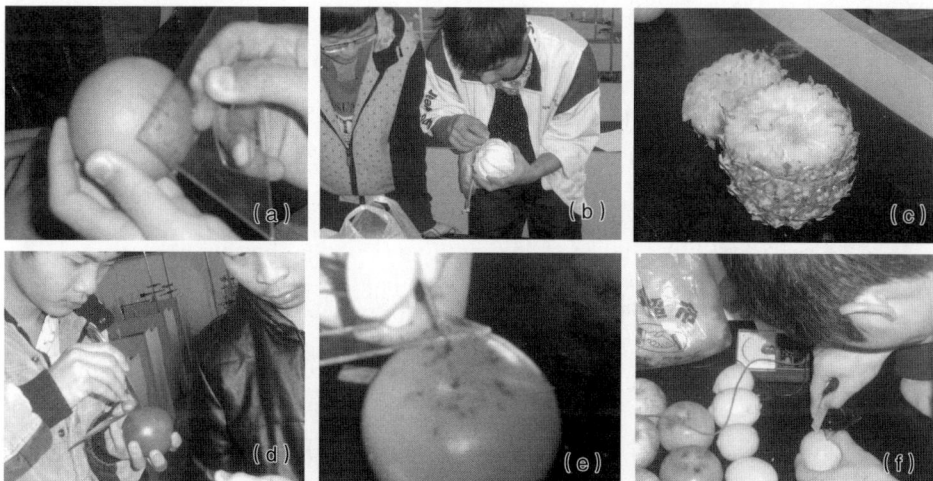

图 1-4-19 实验过程中使用的水果

（a：橙子；b：柚子；c：菠萝；d：番茄；e：柿子；f：柠檬）

4.2.3 实验结果与讨论：

表 6　不同水果对电压的影响

水果类别	橙子	柚子	番茄	苹果	柠檬	菠萝	柿子
多用用电表读数	0.3	0.2	0.4	0.1	0.3	0.3	0.2
电压大小比较	番茄 > 柠檬 = 橙子 = 菠萝 > 柿子 = 柚子 > 苹果						

在电极距离不变的条件下，采用不同的水果，考察不同水果产生的电压，实验数据（表6）可以看出我们所使用的水果都能够产生电压，在其他条件不变的情况下，不同水果产生的电压不一样。番茄产生电压最大，其次是柠檬，菠萝和橙子，柿子、柠檬和苹果较小。这可能是由于不同水果中电解质不一样，也可能与水果中的电解质的流动性有关，由于番茄、柠檬、菠萝、橙子里面的

电解液比较丰富，电解液流动性较强，产生的电压较大，而柿子、柚子和苹果里面的电解液流动性较弱，产生的电压较小。

4.2.4 实验结论

从这次的实验结果我们可以得出，番茄、柠檬、橙子和菠萝产生的电压较大，由于购买的菠萝太成熟了，我们做实验的时候发现，菠萝有孔，当铜片和锌片插入之后不能稳定地固定下来，因此，在后续实验中我们主要使用番茄、柠檬和橙子做实验。

实验 4.3：探究自制电池使 LED 发亮

4.3.1 实验说明

利用实验 4.1 和 4.2 的得出的条件：电极距离为 0.5cm；水果采用番茄、柠檬、橙子，来制作电池，将锌片电极与 LED 负极相连，将铜片这一极与正极相连，观察灯泡是否发光以及发光的程度。

4.3.2 实验步骤

（1）把多用电表调到欧姆挡 1kΩ，并调零，此时黑色的电极为正极，红色为负极。用多用电表将 LED 的正极和负极找出。并将 LED 正极弯曲，以备后面使用。

（2）将前面水果两个或多个串联，制成电池，用导线把锌片与 LED 负极相连，用导线将铜片与 LED 正极相连。

（3）观察现象 LED 是否发亮，并做好记录。

（4）将前面水果两个或多个并联，制成电池，用导线把锌片与 LED 负极相连，用导线将铜片与 LED 正极相连。

（5）观察现象 LED 是否发亮，并做好记录。

4.3.3 实验结果与讨论

表 7 串联电池对 LED 的发光度影响

水果类别	番茄	番茄	番茄	柠檬	柠檬	柠檬
水果电池个数	2	3	4	2	3	4
电池连接类型	串联	串联	串联	串联	串联	串联
LED 发光度	不发光	微亮	较亮	不发光	微亮	较亮

从实验数据表 7 我们可以看出：在其他条件不变的情况下，将番茄和柠檬

各自 2 个串联时都不亮；当番茄串联 3 个或柠檬串联 3 个时 LED 发亮了；与串联三个相比，串联 4 个柠檬或 4 个番茄时，LED 要越微亮一些。同时我们还发现若是将不同的水果柠檬、橙子、番茄串联一起也可以使 LED 发亮。（图 1-4-20）

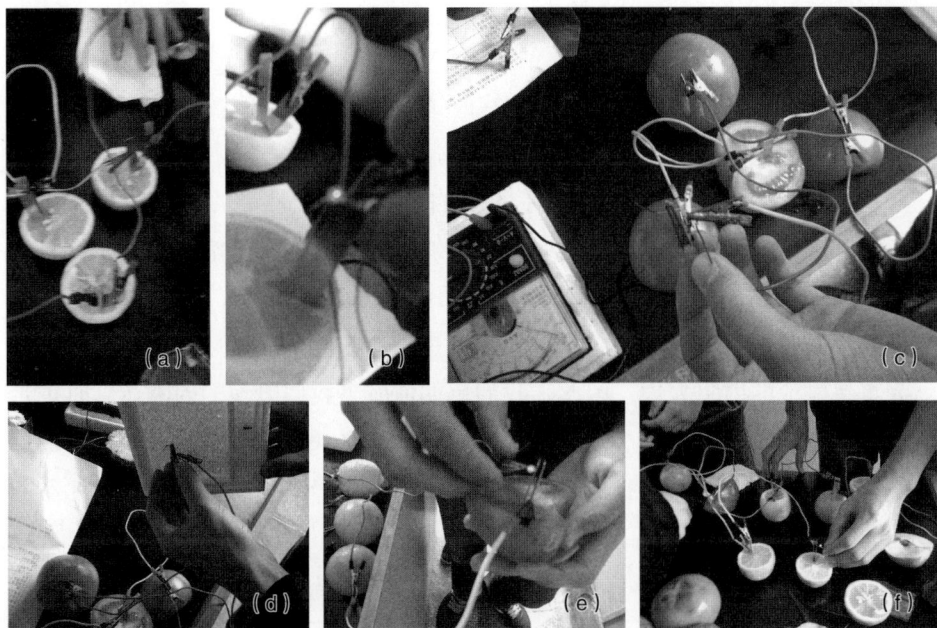

图 1-4-20　不同水果串联

（a、b：3 个柠檬串联时 LED 发亮；c、d：4 个番茄串联时 LED 发亮；e：不同的 4 个水果串联时 LED 发亮；f：8 不完全相同水果串联时 LED 发亮）

表 8　并联水果电池对二极管发光的影响

水果类别	番茄	番茄	番茄	柠檬	柠檬	柠檬
水果电池个数	2	3	4	2	3	4
电池连接类型	并联	并联	并联	并联	并联	并联
LED 发光度	不发光	不发光	不发光	不发光	不发光	不发光

除此之外，我们还将水果电池并联其实验结果见表 8，串联 2 个、3 个、4 个番茄 LED 都不亮，换用柠檬做水果电池也是一样的结果。

4.3.4 实验结论

实验证实：不管用多少个水果并联都不能让 LED 发光；而串联时水果个数越多灯泡亮度越大，因此，我们设想我们制作的电池能够使教室里面的时钟转动那是最好的，所以在后续实验中我们以串联的方式，进行探究实验。

实验 4.4：探究自制电池使时钟偏转

4.4.1 探究 1

将前面串联而成的电池直接连接在时钟上观察指针的偏转。并做好记录。

4.4.1.1 实验结果与讨论

从实验结果（表 9）可以看出，我们自制的电池虽然能够使 LED 发亮但是不能使时钟走动，我们思考可能是电压不够，因此，用多用电表测量时，我们发现，我们自制的电压不到 1V，因此，不可能让时钟走动，而时钟走动的电压是需要 1.5V。同时，我们还发现，水果串联个数越多，电压反而越小，这是因为水果电池的内阻太大，因此，我们想如何减少我们电池的内阻达到时钟走动所需的电压。经过研究小组思考讨论后得出，水果中对于我们实验有用的部分是水果中的汁液，因此我们设想将汁液弄出，充当电解质，再制作电池看能否达到时钟所需电压。

表 9 探究 1 统计表

水果类别	番茄	番茄	柠檬	柠檬	水果混搭	水果混搭
水果电池个数	3	4	3	4	4	8
电池连接类型	串联	串联	串联	串联	串联	串联
LED 发光度	微亮	较亮	微亮	较亮	较亮	较亮
时钟是否偏转	否	否	否	否	否	否

4.4.2 探究 2

（1）将 8 个柠檬的汁液全部挤出 80ml，平均分布在 4 个 50ml 的小烧杯中每个烧杯 20ml，串联成电池组，测其电压。然后与时钟连接，观察时钟是否偏转。

（2）将 80ml 的柠檬汁平均分配到 2 个烧杯约 40ml 中，串联成电池组，与多用表链接测其电压，然后与时钟连接，观察时钟是否偏转。（实验步骤见图 1–4–21）

图 1-4-21 实验探究 2
（a、b、c: 挤压分装柠檬汁; d: 测电压; e: 自制电池与时钟相连; f、g: 电池使时钟偏转）

4.4.2.1 实验结果与讨论

表 10 水果汁制作的电池

每个烧杯柠檬汁体积	溶液深度	串联数	多用表读数	时钟是否偏转
20ml	1cm	4	0.8V	否
40ml	2cm	2	1.5V	是

从以上实验探究 2 的数据我们可以得出，由于当每一个烧杯中装有 20ml 液体时，4 个电池串联时，电路中电压只有 0.8V，不能使时钟走动; 当我们两烧杯中个装入 40ml 柠檬汁时，两电池串联电路中电压达到了 1.5V，恰好使指针偏转。这可能是由于烧杯中电解液增多，溶液深度增大，与电极的接触面积增大，使反应产生的电压增大。

八、小结

1.实验小结

（1）在这次实验中，我们将3个番茄或柠檬电池串联起来即可使二极管发光。

（2）我们挤出8个柠檬的汁液，平均放在两个50ml的烧杯中，串联电路产生的电流能够使钟表发生偏转。

有上述两点我们可以得出，番茄和柠檬是可以用来制作电池的。但要产生更多的电流，它们的汁液更好。

2.学习心得小结

（1）这次研究性学习，从团队建立，到制订计划落实实施，都极大地锻炼了我们的实践能力和团队协作能力。

（2）在实验中，培养了我们实验观察能力，动手动脑能力，以及科学探究能力。

（3）最让我们感慨的是，研究性学习让我们把化学和物理课上所学的知识学以致用，感受我们身边的化学和物理。

（4）最让我们惊喜的和幸福的是我们以水果为原料制作的电池能使LED发光和时钟表走动。

九、展望

1.本次研究性学习，利用水果来制作的电池，原料来源是无污染的，比较绿色。如果我们能够利用水果开发出新的化学电池，将为我们社会能源供应做出巨大贡献。

2.当家中偶遇停电时候，我们可以制作水果电池来充当电源，使灯发亮。

十、参考文献

［1］宋心琦.普通高中课程标准实验教科书化学2必修[M].北京：人民教育出版社，2007:39-42.

［2］张大昌.普通高中课程标准实验教科书物理选修3-1[M].北京：人民教育出版，2010:63-69.

番茄为什么这样红

——番茄红素的萃取探究

指导教师：刘宗才　陈中燕

一、课题研究意义

在学习了化学实验操作之萃取的理论知识后，用生活中的番茄为原材料萃取番茄红色素，能加深我们对萃取、溶解度等理论知识的理解，可以提高我们的观察能力、创新能力、探究自然的能力等，还可激发我们学习化学的热情，同时开展这样的学习活动，也让我们的课外生活更加有意义。

二、课题研究缘由

（一）知识的背景：萃取是分离混合物的物理方法之一（我国的第一个诺贝尔奖的获得，用的就是萃取的方法），它是利用物质在互不相溶的溶剂里溶解度的不同而将物质萃取分离。

（二）研究动因：化学课堂上，学习了萃取和溶解度等知识之后，我们知道了生活中许多地方都涉及这些知识，如煮番茄蛋汤、制辣椒油等，为了更多体会化学与生活的联系，通过老师的引导，我们就想看看常见的溶剂提取番茄红色素的效果怎样？老师说这种活动是一种研究性的学习方法，它能加深我们对理论知识的理解，还会学到一些课堂上没有的知识，能增强实验操作能力等。

三、研究内容和方法

（一）研究内容

1. 红的程度不同的番茄中番茄红素的含量是否不同？

2. 哪种常见的有机溶剂萃取番茄红素的效果最好？

3. 温度的不同对番茄红素的溶解度有什么样的影响？

（二）研究方法

①文献法；②实验法。

四、可行性分析

（一）理论依据：萃取相关知识[1]，为我们提供了理论依据。通过上网查找知道：生活中常见的番茄中，含有一种天然红色素——番茄红素。番茄红素，可溶于脂肪烃、芳香烃和氯代烃如矿物油、苯、氯仿、植物油等有机溶剂，番茄红素在不同的溶剂中呈现出不同的颜色，并且在各种溶剂中的溶解度随着温度的上升而增大。

番茄红素大量存在于番茄、西瓜、南瓜、李子等水果中，并且对人体健康具有较大的作用，所以提取番茄红素有一定价值。但遗憾的是咨询老师后得知：由于中学化学的实验条件有限，我们只能用一些常见的溶剂来进行萃取番茄红素，萃取效果还只能用颜色的深浅来判断。

（二）原料来源：地处农村，番茄很多，植物油等溶剂也易购买，这为我们的原料提供了很好的保障。

（三）实验室也能为我们提供一些必需的实验用品。

（四）有老师的指导和同学的团结协作，也是我们实验成功的基本保障。

五、小组成员及分工

（一）团队成员（见表1）

图 1-4-22　团队成员合影

表 1　团队成员

组长	组员
杨阳	何洪燕、秦巧、张云巧、宋青娅、吴婷、刘键、李兴弟

（二）团队分工（见表 2）

表 2　团队分工

事项	相关负责人员
查找资料，制订方案	杨阳、刘键
实验准备	何洪燕、宋青娅
实验操作	刘键、杨阳、何洪燕、秦巧、张云巧
现象记录	张云巧、秦巧
汇总资料，书写报告	宋青娅、吴婷
全程照相	张云巧、秦巧

六、实施计划（见表 3）

表 3　计划安排

时间	内容
2015 年 11 月 12 日—13 日	查找资料，制订实验方案
2015 年 11 月 17 日—18 日	购买原料和准备器材等
2015 年 11 月 19 日—27 日	实验
2015 年 11 月 27 日—29 日	整理资料、书写研究报告
2015 年 12 月 10 日—15 日	制作 PPT 准备展示

七、具体实施过程

（一）查找资料，制订实验方案

通过上网等方式查找资料，我们得知：番茄中含有番茄红素，这是番茄青与红的原因。番茄红素，可溶于脂肪烃、芳香烃和氯代烃如矿物油、苯、氯仿、植物油等有机溶剂中，并且温度对番茄红素的提取有影响。工业上提取番茄红素的方法还有：微波辐射萃取法，即使用微波及合适的溶剂在微波反应器中提取各种化学成分的技术与方法。超临界流体萃取法，它有工艺简单，萃取剂便宜、无毒、易回收，无化学溶剂消耗和残留，避免萃取物在高温下裂解，无污染等优点。酶反应法：番茄原料用果胶酶和纤维素酶（0.2%~0.5%）在50℃处理3h，除去90%果胶、纤维素等非色素物质，离心沉淀，用96%的乙醇洗涤、过滤，然后用乙醇和植物油提取、分离油相，得到相应产品。

通过商讨，我们制订出的初步方案为：运用控制变量的实验方法，选用红的程度不同的番茄，常温下在不同萃取剂：植物油、煤油、苯中进行番茄红素的萃取探究；然后在40℃、80℃下探究苯（后来在老师的建议下改成了煤油）萃取番茄红素的效果。

（二）准备实验器材和用品

1.到菜市选购半红、红的番茄。（图1-4-23）

2.到超市选购植物油（最终选择的是颜色较浅的花生油和菜籽油）。（图1-4-24）

3.准备其他实验用品与器材。（图1-4-25）

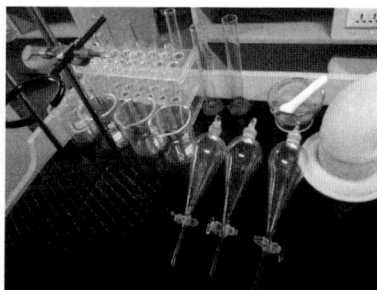

图1-4-23 选购番茄　　图1-4-24 选购植物油　　图1-4-25 部分实验用品

（三）实验

1.实验目的

利用萃取原理，对比不同溶剂对番茄红素的萃取效果，并探究温度对萃取效果的影响。

2.实验原理

将萃取剂与番茄原液相混合，静置，分层。通过对比有机层颜色的深浅判断番茄红素的溶解度的大小。并用同一种萃取剂，在不同温度下探究其对萃取的影响。

3. 实验用品

表 4　仪器和用品

仪器名称	数量	仪器名称	数量	原料	数量
分液漏斗	5 个	量筒	4 个	西红柿	6 个
大试管	2 个	小试管	若干	菜籽油	1 桶
抽滤瓶	1 个	烧杯	若干	花生油	1 桶
研钵	4 个	酒精灯	2 个	煤油	1 瓶
铁架台	5 个	剪刀	1 把	苯	1 瓶
纱布	2 张	温度计	2 个		
标签	若干	石棉网	2 个		

（四）实验内容及步骤

实验 1：番茄红素含量多少的研究

（1）实验说明

采用番茄为原材料，制成等量的半红、红的两种番茄原液，分别与等量的苯混合，萃取分液，对比观察有机层的颜色。通过颜色的深浅来判断番茄红色素的含量。

（2）实验步骤

①将红、半红的番茄分成两组，然后剪碎，研磨，用纱布过滤，滤纸抽滤制得两种番茄的原溶液。（图 1-4-26）

②萃取：先取等量（40ml）的两种番茄原液于分液漏斗中，再加入等量（8ml）的苯，混合均匀，静置 2 小时后观察并记录有机层的颜色。（图 1-4-27）

图 1-4-26　制得的原液

图 1-4-27　萃取静置 2 小时后的结果

（3）实验结果（见表5）

表5 番茄红素含量的多少

番茄原液	半红	红色
萃取剂	苯	苯
有机层颜色	浅	深

（4）实验结论

在其他条件相同的情况下，用同样的萃取剂，比较红的程度不同的番茄中的番茄色素的含量，从以上实验结果（表5）中，我们可以得出：番茄越红，萃取后的有机层的颜色越深，说明其中含有的番茄红素越多。

实验2：用不同萃取剂提取番茄红素

（1）实验说明

由于我们在后面的实验，要求番茄色素的含量尽可能的多，因此我们选择红色的番茄原液进行以下的实验。

将四份等量的番茄原液和四种等量的萃取剂分别混合，静置，分液。对比观察有机层的颜色。

（2）实验步骤

①取四份40ml的番茄原液加入四个分液漏斗中；

②再分别取8ml的苯、煤油、花生油、菜籽油四种萃取剂加入其中混合，摇匀，贴上标签。静置2h后，对比观察有机层的颜色（四种萃取剂的萃取效果见图1-4-28）。

图 1-4-28
四种不同萃取剂的萃取效果对比图

（3）实验结果（见表6）与讨论

表6 不同萃取剂提取番茄红素的对比

萃取剂类别	苯	煤油	花生油	菜籽油
有机层颜色	浅	深	深	较深
番茄红素的含量	煤油和花生油中的含量高			

在其他条件相同的情况下，采用不同的萃取剂，考察萃取剂对番茄红素提取的影响，实验结果（表6）可以看出：在其他条件不变的情况下，番茄红素

在不同萃取剂中的溶解度不一样。其中煤油萃取效果最好，花生油比菜籽油萃取效果好。

（4）实验结论

从这次的实验结果我们可以得出，番茄红素的最佳萃取剂是煤油。

实验3：探究温度对番茄红素提取的影响

（1）实验说明

由于苯有毒，也是一种致癌物质，所以在探究温度对番茄红素提取的影响时选用煤油作为萃取剂，分别在40℃和80℃进行水浴加热，探究番茄红素在煤油中的溶解程度。

（2）实验步骤

①把40ml西红柿滤液与8ml煤油相混合，加入大试管中，形成两组混合液。将两支大试管同时放入烧杯，水浴加热。水浴温度分别为40℃（图1-4-29）和80℃（图1-4-30）。

②半个小时后，观察现象，并做好记录。（不同温度下的萃取效果见图1-4-31）

图1-4-29
水浴萃取40℃

图1-4-30
水浴萃取80℃

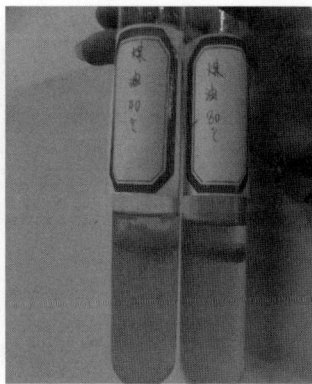

图1-4-31
不同温度下的萃取效果图

（3）实验结果（见表7）与讨论

表7 不同温度下的萃取对比

温度	40℃	80℃
萃取剂	煤油	煤油
有机层颜色	浅	深

从实验结果（表7）我们可以看出：在其他条件不变的情况下，用同一种萃取剂时，温度越高，萃取番茄红素的效果越好。

（4）实验结论

实验证实：在其他条件相同时，温度越高，同一种萃取剂萃取番茄红色素的效果越好。

八、成果总结

1. 实验探究成果总结

（1）在这次实验中，我们发现番茄越红，含有的番茄红素越多。

（2）我们取的四种萃取剂中，煤油萃取效果最好，花生油比菜籽油萃取效果好。

（3）温度越高，同一种萃取剂萃取番茄红素的效果越好。

2. 实验结果分析

（1）实验对象——番茄，颜色越红的越成熟，越成熟的西红柿中番茄红素的含量越多。

（2）实验所用的四种萃取剂中，煤油的极性最弱，番茄红素的极性也弱，所以番茄红素在煤油中的溶解度最大，其他萃取剂萃取效果稍逊。

（3）萃取番茄红素的原理是：利用番茄红素在不同的萃取剂中的溶解度不同，实现其和水的分离。而溶解度的大小受温度的影响，一定范围内温度越高，溶解度越大，萃取效果越好。

3. 学习心得小结

（1）这次研究性学习，从团队建立，到计划的实施，都极大地锻炼了我们的实践能力和团队协作能力。

（2）在实验中，培养了我们的实验观察能力、动手动脑能力，以及科学探究能力。

（3）最让我们感慨的是，研究性学习让我们把化学课上所学的知识学以致用，让我们感受到化学就在身边。

九、展望

1. 利用番茄来提取番茄红素，原料来源广，比较绿色；并且番茄红素有许多对人有用的功效。如果我们能够大量、安全地提纯它，将为我们的社会带来巨大的经济效益。

2.用生活中易找到的材料来进行的实验简单易做、方便快捷，吸引我们以后多动手做家庭实验。

十、相关链接

番茄红素又称 ψ – 胡萝卜素，属于异戊二烯类化合物，是类胡萝卜素的一种。1910 年，首次确定了其分子式为 $C_{40}H_{56}$，分子量为 536.85。番茄红素以不同的形态存在时具有不同的颜色和强度，而且会随着溶剂和介质的不同而呈现出不同的颜色。

番茄红素的溶解性：番茄红素是脂溶性色素，可溶于其他脂类和非极性溶剂中，不溶于水，难溶于强极性溶剂如甲醇、乙醇等，可溶于脂肪烃、芳香烃和氯代烃如苯、氯仿等有机溶剂。番茄红素在各种溶剂中的溶解度随着温度的上升而增大。

番茄红素的生物特性：①具有抗氧化性。番茄红素通过物理和化学方式猝灭单线态氧或捕捉过氧化自由基。②对细胞生长代谢起调控作用。实验表明，番茄红素通过诱导细胞间连接，增强正常细胞之间的 GJIC，控制细胞生长和诱导细胞分化来抑制肿瘤的增长。③可以调节胆固醇的代谢。番茄红素是一种低胆甾醇剂，它可抑制巨噬细胞 3- 羟基 -3- 甲基戊二酸单酰辅酶 A，而它是一种胆固醇生物合成的限速酶。④保健作用。番茄红素具有抗氧化、抑制突变、降低核酸损伤、减少心血管疾病及预防癌症等多种保健功能。⑤预防和抑制肿瘤的作用。番茄红素具有预防和抑制肿瘤作用，一方面是因为它的抗氧化作用；另一方面是番茄红素能够阻断组织细胞在外界诱变剂的作用下发生基因突变过程，这是肿瘤生成的重要机制之一。

十一、参考文献

[1] 宋心琦.普通高中课程标准实验教科书化学 1 必修 [M].北京：人民教育出版社，2004:8-9

废纸改造为可用纸的探究

指导老师：孔　燕　严家兴

一、研究缘由

首先，从历史上看，造纸术是我国四大发明之一，已有 2000 年历史。纸张为中华文明的繁荣和传承提供了物质和技术的基础，成为传播人类文明和文化的最有力的工具。其次，自党的十九大以来，习近平总书记多次在各种重大场合阐释中国的可持续发展，其中很重要的一点是：金山银山不如绿水青山。然而，现实状况却不容乐观。从大环境看，全国每年消耗纸量约为 5000 万吨，那么一年就近有 15 亿棵平均树龄 20 年的大树被砍伐，多么触目心惊的数字，但是全国目前废纸回收利用率不足 30%，价值只有 100 亿元。从我们身边看，纸张是典型的"一次性"耗材。学校中，学生无时无刻不与纸张打着交道，书、卷子、草稿本等等。有部分纸张，比如草稿纸、作业本等，被随意扔在垃圾桶，混合着其他垃圾，很难再被利用；而当学生毕业时，如小山般高的书却只以约 1.4 元每公斤的价格卖给回收站，但是这些使用过的纸张，最终去向，却不得而知。生活中，人们网购的瓦楞纸盒无处可放，最后被随意丢弃，极少能被整理回收后再次利用。如果充分利用，能产生巨大的社会价值。环保造纸，是充分利用身边资源，减少资源浪费的重要方式。但如何"造"，却鲜为人知。于是我们几个志同道合的同学一起开展了研究环保造纸法的详细实验。

二、研究的价值与意义

1. 让我们高中学生对可持续发展、回收利用等知识技巧有了感性直观的了解。

2. 培养我们组织策划、沟通、语言表达、社交、观察实验、归纳综合等能力。

3. 探索将本年级的废纸重新利用的方式。

三、研究学习主要内容

了解所在年级废纸(使用过的作业本,食品包装纸,快递包装纸等)的去向。

学习造纸的方法和技巧。

通过实验的方式,对废纸进行回炉重造。

分析哪些废纸可被重新塑造,哪些不易被重新塑造。

改进造纸方法,试图创新纸张制作方法。

对本次研究的思考与疑问。

总结经验。

四、研究对象

本年级丢弃的废纸。

五、研究计划

造纸计划表	
时间	活动内容
2019 年 9 月初	准备课题, 小组分工
2019 年 9 月—11 月	1. 制订方案 2. 开展研究
2019 年 11 月中旬	1. 方法改进 2. 总结归纳

六、研究方法与措施

根据课题的研究内容,本次研究主要采取图书、网络查询,调查采访,实验研究,总结经验等方法。

七、研究过程

我们的研究过程主要分为两个阶段:前期准备阶段和具体实施阶段。

(一)准备阶段(2019 年 9 月初)

9 月初,我们同班的几位同学组成研究小组,在老师的引导下,根据《环境保护法》的要求,结合身边的具体环境,以及自身优势,我们确立了"废纸改造为可用纸"的研究性学习课题。确立课题后,我们通过网络文字、视频等方式，初步学习到将废纸改造为可用纸所需要的工具及具体实施的步骤。从网络上，我们了解到造纸所需要的材料及步骤。

1. 准备材料：

（1）脸盆类的容器

（2）一捆烧烤用的竹签或牙签

（3）一些布块和胶水

（4）酒精灯或炭

（5）一块玻璃板或铁板（耐高温，平整）

（6）白色卷筒卫生纸

2. 操作步骤：

（1）先把废纸撕碎，放入容器中泡水静置一段时间，再用手搅拌，直到看起来里面都是细微的白色絮状物，这样基本就可以充当纸浆了。

（2）把牙签或竹签排列整齐，数量在20根左右，在两端用胶水进行固定（中间部分不能粘住，需要透水）

（3）点燃酒精灯或炭，把玻璃板或铁板放置于酒精灯上进行加热。

（4）容器中的纸浆用手进行翻搅使纸浆散开，再用做好的竹签板慢慢放入容器中静置约2秒后捞上来，放在布块上再提起，这样一张纸就均匀覆盖在布块上了，捞上来的纸上再放一块布，再压上重物：例如凳子、书等，再把水分挤掉。

（5）把用于挤压的物品拿掉，把下面垫着的布拿起来，要小心上面放着的湿纸，不要弄破了，放在玻璃板上烘干。

以上，通过网络上所描述的步骤就能够造出完整的一张纸了，但是，别人所说和自己能做出来的，还是有一定区别的。所以我们在组内进行总体任务的分工，并在9月中旬开展了进一步的研究。

总体任务分工：

研究准备	胡迪、吕璐、黄景校
实验研究	吕璐、胡迪、张皖渝、黄景校
摄影整理	张皖渝、吕璐
后期制作	黄景校、蓝欣雨

（二）具体实施阶段（2019 年 9 月—11 月）

本阶段是具体实施的阶段。我们将从三个方面来阐述：造纸所需材料和工具准备；造纸的具体过程；过程中的方法改进和创新。

（一）材料工具准备阶段

1. 时间：10 月中旬

2. 地点：校园周边农村地区，胡迪同学家中

3. 本阶段任务分工：

准备废纸	胡迪、黄景校、张皖渝、蓝欣雨
收集花草	吕璐、胡迪、黄景校
内容设计	黄景校、胡迪、张皖渝
摄影	张皖渝、吕璐、蓝欣雨

4. 准备过程：

（1）2019 年 10 月中旬小组成员在校园周边进行花草材料采集。

（2）所需工具的准备，如左图所示。（图 1-4-32）

（3）各种颜色的废纸，并对同一色系的纸张进行分类。

5. 材料工具准备阶段小结

准备工具的准备过程：由于网上造纸的工具具有专业性及一定的危险性，所以我们从生活用品中寻找合适的用具。我们准备了两个透明的盆子，用于吸水的海绵，

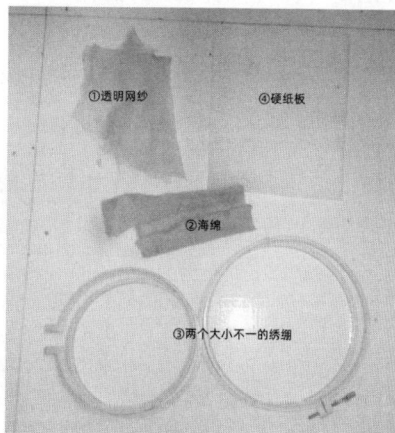

图 1-4-32　废纸改为可用纸的工具

以及用来铺垫纸浆的硬纸板。我们从刺绣工具中找到了可以装网纱的绣绷。在准备材料的过程中，我们明白了考虑事情要全面周到，思考事情的多种可能性，在原本固有的方式方法上进行自主创新，结合所学的知识和生活中的所见所闻，总结归纳事件。并且我们应当亲近大自然、融入大自然，适当地进行户外活动。

（二）造纸的具体过程

1. 时间：10 月下旬

2. 地点：胡迪同学家中

3. 本阶段任务分工

准备工具	吕璐、胡迪、黄景校、张皖渝
内容设计	胡迪、黄景校、张皖渝
制作	胡迪、黄景校、吕璐
摄像	张皖渝、吕璐
后期整理	黄景校、胡迪

4. 造纸实施具体过程

实施时间：2019 年 10 月下旬—11 月中旬

前期所准备的各色废纸待用，以及把装备好的工具放置一旁。

将废纸撕成细小的碎屑，把碎屑放入容器中，加入染色颜料，再加入适量的水发泡一晚，让纸屑进行软化，并且在发泡过程中还要对纸屑进行揉搓，直到出现灰白色的丝絮状物，从而使纸屑进一步得到充分的软化，并易于染色。（图1-4-33）

充分软化后，把绣绷内外两个框架拆下，把纱布放在内框上，观察内框是否都被纱布覆盖，用外框箍住内框，再拧紧螺丝，并不断绷紧四周纱布，使被箍住的纱布紧绷平整。把组装好的绣绷伸入纸浆水底部，慢慢地进行左右晃荡，缓慢地向上抬起，让纸屑能够完整地平铺在纱布上。然后将绣绷抬出水面静置，待不再滴水后，将绣绷放于光线充足处，以便于从网纱背后观察纸浆知否分布均匀。完成以上步骤后还要进一步的检查和修补。（过滤时应要注意纸张的厚薄均匀以及完整度）（图1-4-34）

图 1-4-33
撕碎的草稿纸

图 1-4-34
抬起绣绷，观察纸浆是否分布均匀

过滤得到一张厚薄均匀的半成品纸后，把装有纸张的纱布从绣绷上取下，提起纱布的一角，把附有纸渣的一面从纱布底部处，平铺在印制板上。再利用海绵等吸水物隔着纱布对纸张轻扑，以此不断吸收纸张多余水分。吸掉多余水分后把纱布小心翼翼地取开，然后再夹上一块隔板进行挤压压实使纸张变得更加紧实完整。（图1-4-35）

进行晾晒或烘烤让纸张蒸发水分变干成型，直到可以从硬纸板上取下，最后得到一张完整的纸张成品。（图1-4-36）

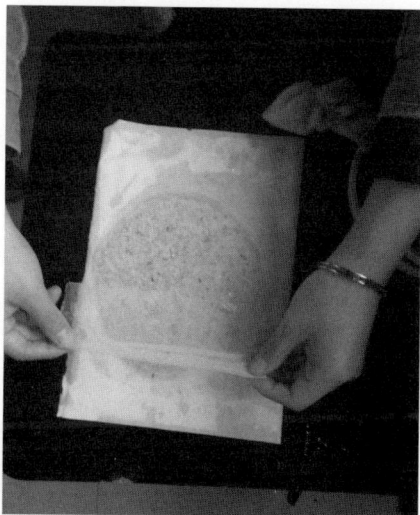

图1-4-35
掀开纱布，观察纸张是否完整

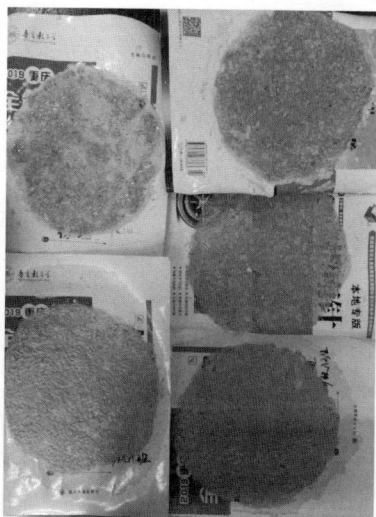

图1-4-36
放置户外进行晾晒

活动小结：

在这次准备环节中，我们多次选择不同的材料来试图更好地完成研究，我们从中感受到了思维不能局限于固程不变，要充分发散思维。将一个东西富有更多的使用价值，从没有创造成有。把视角定居于自然、多功能。在这次实验环节中，在了解到网上的操作方法后，我们立即开始尝试操作，但是过程并不如我们想象中容易。于是，我们不断尝试改变，从而创新新的物品。在实际操作中，我们一次次地遭受失败，但我们从未想过放弃，并在失败中不断地总结，最终成功地做出纸张。当我们做出纸张后，我们就开始思考如何将所做的纸张改进得更好。因为我们的目标不在于仅仅只做出一张纸，而是做出能够运用于实际生活中的纸张。在处理使用过的废水时，我们学会运用学科的知识，并结合实际情况，找出处理废水最合理的解决方式。我们利用纱布、石头、沙子、泥土、果炭、卫生纸等材料制作出简易的滤水器，将废水倒入该滤水器中进行过滤。静待几分钟后，废水中不再有丝絮状物并不再浑浊，而是接近于透明可见的水。至此，废水不再毫无用处，而是转化成了可以用来浇花、冲厕所的水。且过程中产生的所有废弃物，我们都尽可能地进行回收再利用。（图1-4-37）

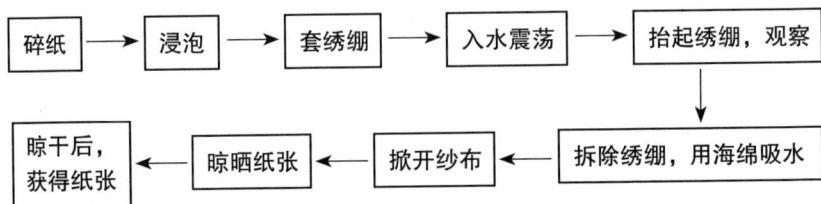

```
碎纸 → 浸泡 → 套绣绷 → 入水震荡 → 抬起绣绷，观察
                                            ↓
晾干后，   ←  晾晒纸张  ←  掀开纱布  ←  拆除绣绷，用海绵吸水
获得纸张
```

图1-4-37 废纸改造为可用纸的流程图

（三）过程中的方法改进和创新

1.探究方法改进

在初步实验中，我们手撕的纸张碎屑中存在个别过大的纸屑，使我们制作的纸张不均匀及外表不美观等问题，于是我们使用剪刀更加精细地把废纸剪成大小均匀的细小碎屑，让这一问题有了一个较为简单的解决方法。

我们最初在过滤的步骤中选择了布料进行过滤，但是会使滤纸不均、漏水速度过慢等问题。经过选择多种材料进行多次试验后，我们最终选择了效果最佳的纱布来过滤纸屑。

在制作的过程中，我们发现造成纸张较为粗糙、不够细腻的主要原因是手工碎纸的方式，导致纸张碎屑过大。因此，我们尝试用豆浆机来碎纸，这样纸张中的絮状物更容易析出。通过这种方式，我们制作出来的纸张更为细腻，也更容易成形。

2.本次研究性学习活动中的创新

（1）我们最初收集花草，想用来对纸张进行装饰和染色。把花瓣加入纸张，在得到成品后花瓣不断脱落，在深思熟虑后我们选择暂时放弃了用花瓣来进行装饰的这个想法。（图1-4-38）

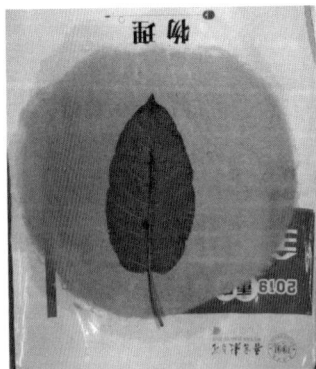

图1-4-38 尝试美化纸张

（2）我们用采集的绿色野木耳榨取绿色的水汁，在实施阶段实施过程第2步过程中把撕碎的纸屑直接放入野木耳水汁中浸泡软化使其染色，在长时间浸泡后，按照步骤制作纸张，得到成品后发现这种染色效果并不明显。一位同学还用红心火龙果进行染色，效果依然不尽如人意，我们再次放弃了用植物染色的想法，最后我们还是选择了采用水粉颜料染色。

（3）为了让我们研究的纸张更加完善和更大的突破，我们研究小组了解到，初中部的 X 老师的书法写得非常美观，因此我们邀请了他在我们做好的一些纸张上写了一些非常有古风韵味的诗词，他的字写在我们重造的纸上，让我们漏洞百出的纸张显得比较美观。我们小组的成员也去询问了美术老师如何设计我们的纸张和怎样才能让我们的纸张看起来更加精致。（图 1-4-39）、（图 1-4-40）

图 1-4-39　成品展示 1

图 1-4-40　成品展示 2

3. 本次研究性学习活动中，我们所做出来的纸张的优缺点

（1）废纸所做的可用纸的优点

①人人可以亲自动手制作，提高学生的亲身动手能力，简单易上手，工具多功能而且便宜，上手快。

②所制作的纸张可循环重做使用，在保证环保的同时不污染环境，响应了习近平主席天更蓝、水更清、地更绿的号召。

③所制作的纸张样式可以随心所欲。

④制作纸张所有的水可以再次利用，不会产生太多废水。

（2）废纸所做的可用纸的缺点

①因为纸浆不加胶水而制作的成品纸张的韧性不够，极易破损且不能进行

折叠而导致所做的成品纸使用会具有一定的局限性。

②因技术差异，在将滤有纸浆的网纱铺在硬纸板上时会有气泡产生，消除不及时会导致所制成的成品纸不能均匀光滑平整，影响美观。

③因技术有限，而使成品在书法或绘画时晕染严重，导致使用时不易便选择放弃。

④因受绣绷尺寸的局限，因而导致所做出来的纸张尺寸也有所受限。后期，我们会尝试用木框等工具，制作出不同尺寸的纸张。

八、收获与总结

纸的廉价及更换的频发，使得用过得纸张只能出现于废品站，甚至被扔于垃圾桶。而当人们意识到纸张消耗巨大，希望可以降低消耗时，但由于人们习惯于纸张在生活中随处可见，而懒得改变。因而只能循环这个过程。用过的纸张无法再变得光洁。而我们却找到了一个巧妙的角度，我们致力于重塑废纸，让它重新恢复往日光彩。我们在探究废纸重塑过程中，眼看着一张张废纸在我们的手中恢复它的使用价值时，深刻地感受到没有一成不变的东西，只有没有创造性的眼光。废品不仅仅会是废品，而是可以给人们带来惊艳的作品。往往是再寻常不过的东西，只要留心发现，也会变得光彩四溢。

此外，对于环保，我们的认识不再仅仅停留于课本上或者环保宣传栏上。我们用双手去实践和探索，环保在生活中该如何去体现和进行。所谓"环保"，一则为"环"，有循环往复之意。我们将用过的废纸，经过粗略地加工以后，运用画笔的力量让它重新呈现在世人面前，再一次获得属于它自己的生命，这样循环焕发出生命意义，我相信，它绝对有了"环"字本身的价值。二则为"保"，顾名思义，保有保护之意，那么什么样的东西是我们需要保护的呢？有很多人认为只有重要的东西才需要保护，其他低贱或不缺乏的东西无需保护，这种观点往往是大错而特错。我们正是要在他非常盛行非常多的时候开始保护，才不会到达"望空而叹"的地步。所以对于废纸也是一样，我们需要"环"，更需要"保"。

最后，对于我们每一个小组成员而言，我们经历了初试，然后失败，再改进，再失败，不断循环探索的过程。在这个过程中，有我们飞奔跑去准备材料工具的身影；也有在极端天气时，依然在冰水中探索的双手；更有在过程中，小组成员为了一个细节，为了一个想法，争论不休而产生矛盾的时刻；还有家人的不理解，带着怀疑的态度，担忧着做这件事情是否会影响我们的学习。我们克服了身体上的不适；尝试着耐心地和组员沟通自己的想法，也和家人解释；这是将学科知识运用到生活中的好机会。这让我们更加深刻地体会到吃苦耐劳、坚韧不拔的精神；也让我们学会了如何与伙伴交流，增强沟通协作的能力；面对困难，虽有想放弃的一瞬间，最终我们坚定信念，一步一步朝向目标奋进。

九、思考与疑问

1. 能否大量手工造纸并使用？

2. 为什么手工造纸宣传度不高，所知的人少之又少？

3. 手工造纸成品还能以什么样的方式融入生活？

4. 如何改善纸张的沾湿性？

十、参考文献

[1] 李常明.高中研究性学习教学参考书 [M].重庆：重庆出版社，2011.

果蔬中维生素 C 含量测定的研究

指导教师：王天会　何　峰

一、课题研究意义

在学习维生素理论知识后，为丰富课外活动，增强对理论知识的学习，采用水果和蔬菜为材料对其维生素 C 进行简易测定，培养我们的观察能力、实验能力、动手能力、实践能力、科学探究的能力，激发我们学习化学的热情，并能学以致用，走近我们身边的化学，展开这次研究性学习。

二、课题研究背景

维生素 C 具有抗坏血病的效应，又称抗坏血酸，是人体不可缺少的一种重要营养物质。维生素 C 常存在于新鲜的蔬菜和水果中，人们每天可以从食物中获取，因此对食物中抗坏血酸的测定，对人们的合理膳食有指导作用。通过本实验，学习简易测定和滴定法测定维生素 C 的原理和方法，了解不同水果和蔬菜中维生素 C 的含量[1]。

三、可行性分析

1.理论依据：通过对维生素知识[1]的学习，为我们提供丰富的理论基础。水果和蔬菜中富含大量的维生素 C。

2.优质的水果，为我们提供丰富的能源保障。

3.实验室良好的实验设备，为我们提供良好的硬件基础。

4.良好的协作团队，是我们研究性学习的基石。

四、研究方法

①文献法；②实验法。

五、小组成员及分工

1. 团队成员（见表 1）

表 1　团队成员

组长	组员
幸云栋	吴亮、周文杰、杨明霞、陈旭、张桥、罗贵川

2. 团队分工（见表 2）

表 2　团队分工

负责事项	相关人员
查找资料，制订计划	吴亮、周文杰、幸云栋、杨明霞、陈旭
水果搜集，实验准备	吴亮、周文杰、幸云栋、杨明霞、陈旭
实验操作	周文杰、幸云栋、陈旭、张桥、罗贵川
现象记录	周文杰、陈旭
资料汇总，形成报告	周文杰、幸云栋、杨明霞
照相	吴亮
展示人员	吴亮

六、实施计划（见表 3）

表 3　计划安排

时间	内容
2016 年 11 月 1 日	查找资料，制订实验方案
2016 年 11 月 7 日—18 日	购买水果和蔬菜、购买器材等
2016 年 11 月 18 日	做实验
2016 年 11 月 27 日—28 日	整理数据撰写研究报告

七、具体实施过程

1. 查找资料，制订实验方案

由吴亮、幸云栋等查找资料，小组成员探究制订出实验方案。在网上查找资料，我们得出取淀粉和蒸馏水的上层清夜加碘酒可以作为维生素 C 的一个简易测定液。进而测定常见的果蔬中哪一种果蔬的维生素 C 的含量最多。

2.准备实验器材和用品

（图1-4-41）

（1）在菜市场买白菜

（2）在超市购买猕猴桃、鸭梨、橘子、绿茶等。

3.实验部分

3.1 实验目的

测定果蔬中维生素C的含量。

图1-4-41　实验用的水果

3.2 实验原理

维生素[2]（$C_6H_8O_6$）是一种酸性己糖衍生物，是烯醇式己糖酸内酯，易溶于水和乙醇，具有还原性，可将碘还原成碘离子，反应式如下：

$C_6H_8O_6 + I_2 = C_6H_6O_6 + 2I^- + 2H^+$

当溶液中有淀粉存在时，过量的碘遇淀粉呈蓝色，而碘离子则不具备此特性，可以作为终点指示剂。利用颜色的深浅粗略判断蔬中维生素C的含量。

3.3 实验用品

维生素C、新鲜果蔬、碘酒、淀粉、蒸馏水、量筒、布氏漏斗、抽滤瓶、天平、石棉网、纱布、玻璃棒、烧杯、试管、铁架台、滤纸、研钵、酸式滴定管。

4.实验内容及步骤

4.1 对果蔬进行预处理

新鲜果蔬洗净、水分沥干、去皮、去核，及时粉碎，防止维生素C被氧化，将打好的汁液放在铺有纱布的漏斗上过滤到烧杯中备用，然后进行抽滤。（图1-4-42）

图1-4-42　提取鸭梨汁过程

（a：捣碎；b：纱布过滤；c：抽滤）

4.2 维生素 C 清液的制备

取两片维生素 C 片于研钵中，研磨成粉末，将其加入到 20ml 蒸馏水中，充分搅拌、溶解后就制得维生素 C 清液。制备好的维生素 C 清液和各类果蔬汁液。（图 1-4-43）

图 1-4-43
维生素 C 清液（左一）和各类果蔬汁液

图 1-4-44
维生素 C 简易测定液

4.3 维生素 C 简易测定液的制备

称取 0.5g 淀粉放入煮沸的 100ml 水中，不断搅拌，待其冷却，取上层清夜 20ml 于烧杯中，加入 2~3 滴碘酒制得维生素 C 简易测定液（图 1-4-44）。

4.4 测定方法一：简易测定果蔬中维生素 C 的含量

（1）步骤：用 6 支试管分别取 1ml 样品液，加入 3 滴测定液，观察并记录现象，在分别加入 6 滴维生素 C 简易测定液，观察并记录现象，在分别加入 12 滴、24 滴并记录现象。

（2）实验记录：

表 4　简易测定实验数据记录

样品	大白菜	浓绿茶水	猕猴桃	橘子	鸭梨	维生素 C 清液
简易测定液 3 滴	无明显变化	无明显变化	无明显变化	无明显变化	浅蓝色	无明显变化
简易测定液 6 滴	无明显变化	无明显变化	无明显变化	无明显变化	深蓝色	无明显变化
简易测定液 12 滴	浅蓝色	无明显变化	无明显变化	无明显变化	——	无明显变化
简易测定液 24 滴	深蓝色	无明显变化	蓝色	浅蓝色	——	浅蓝色

（3）实验结果和讨论

通过实验现象比对（表4和图1-4-45）可知，绿茶水中加入的维生素C简易测定液最多，颜色并未发生变化，通过资料翻阅，浓绿茶水中含有多种抗氧化物质，不只有维生素，所以当像绿茶水中加入维生素C简易测定液时现象并不明显。鸭梨汁最先变蓝，鸭梨汁在空气中极容易被氧化。白菜汁次之。说明白菜汁和鸭梨汁中还原性物质较少。

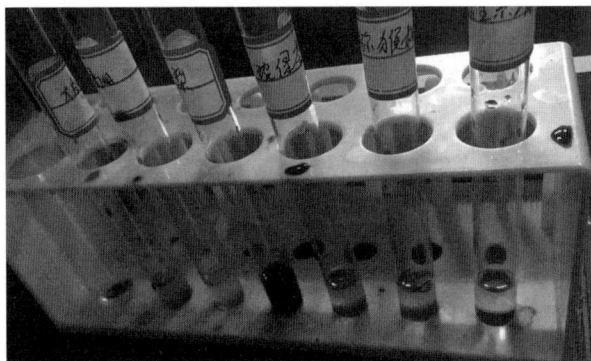

图 1-4-45 简易测定实验图

4.5 测定方法二：采用滴定法测定果蔬中维生素C的含量

（1）步骤

①将酸式滴定管先用水洗，然后用蒸馏水洗，最后用维生素C的简易测定液润洗2~3次，然后装入测定液，排气泡，调零，记录起始读数。

②取1ml鸭梨汁于锥形瓶中，加入10ml蒸馏水。

③用步骤①中的滴定液进行滴定，直到锥形瓶中的溶液由无色变为蓝色，且在30秒内不褪色，记录终点读数。（图1-4-46）

图 1-4-46 滴定过程
（a：滴定；b：终点判断；c：终点读数）

④重复测定。记录每一次的起始读数和终点读数。

⑤将鸭梨汁换为大白菜汁、橘子汁、猕猴桃汁、浓绿茶水、维生素 C 清液进行分别滴定，每一种果蔬平行测定 2 次，并记录好起始读数。

（2）滴定结果与讨论：

表5　滴定实验数据记录与处理

读数	维生素 C	猕猴桃汁	大白菜汁	浓绿茶水	橘子汁	鸭梨汁
V1 起	9.20	14.99	12.84	17.43	13.67	17.12
V1 终	10.50	15.45	13.14	19.99	15.10	17.28
V1 终 −V1 起	1.30	0.46	0.30	2.56	1.43	0.16
V2 起	10.50	15.45	13.39	19.00	15.10	17.28
V2 终	11.95	15.89	13.68	21.38	16.49	17.43
V2 终 −V2 起	1.45	0.44	0.29	2.38	1.39	0.15
V 平均	1.38	0.45	0.30	2.47	1.41	0.15

从滴定的实验数据（表5）得出，浓绿茶水消耗的维生素测定液最多，其次是橙子汁，最少的是鸭梨汁，原因是在制作果汁的过程中，鸭梨汁很快被空气氧化变色了，在滴定过程中消耗的维生素测定液比较少。同时每种检测液中都含有维生素 C。

八、小结

1.实验小结

（1）在这次实验中，我们通过两种方法测定结果，都显示了浓绿茶水和橘子汁消耗的测定液较多，说明里面的维生素 C 含量最多（或还原性物质较多）。

（2）猕猴桃中也含有较多的维生素 C。

（3）从实验中我们可以得出，多喝茶，多吃水果，可以补充我们人体所需的维生素 C。

（4）在做实验的过程中，我们还存在着很多不足，如首先在滴定过程中终点的判断，不是过量，就是少量，在很多次反复测定才得到了有效的实验数据；其次，在滴定操作中还有很多需要改进的地方。

2.学习心得小结

（1）这次研究性学习，从团队建立，到制订计划落实实施，都极大地锻炼了我们的实践能力和团队协作能力。

（2）在实验中，培养了我们实验观察能力，动手动脑能力，以及科学探究能力。

（3）最让我们感慨的是，研究性学习让我们把化学所学的知识学以致用，感受我们身边的化学。

九、展望

1.本次研究性学习，通过对果蔬中维生素 C 的测定，方便我们了解了果蔬中维生素 C 的大致含量，如果要取得更精准的数据，必须学习更多的知识和使用更好的仪器才能做到。

2.提高了我们对化学学习的兴趣，理解到在我们身边处处是化学的道理。

十、参考文献

［1］宋心琦.课程标准实验教科书选修 1 化学与生活实验探究报告册 [M].
  北京：人民教育出版社，2010:19-22.

［2］宋心琦.普通高中课程标准实验教科书化学选修 1 化学与生活 [M].北京：
  人民教育出版社，2007:39-42.

第二单元

设计制作

设计制作活动是一个发现问题、界定问题、通过创造性使用各种材料、工具和技术解决问题的学习与创造过程。它是一种包括视觉的、空间的、造型的及问题解决方案构思等方面的建构。设计制作在本质上需要的是深度参与实践性设计、协作学习，以及计算思维、工程思维、创造思维及反省思维等，从而具有独特的教育价值。

农村孩子往往缺乏自信，通过设计制作不仅锻炼了动手动脑能力，作品展示还可以极大地提升孩子的自信心。本单元主要内容是设计制作，侧重工具制作、民间工艺、土特制作等。

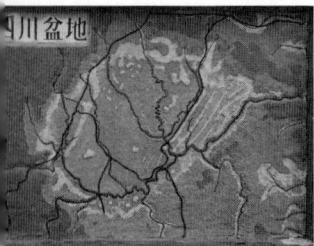

01 工具制作篇

地理教具制作

指导教师：王泽安

一、地图制作

一幅好的地图，让人赏心悦目，人们可以在图中迅速找到目标。指导学生绘制一幅美观的地图，有时学生比老师还用心。

不过，不可能占用太多学生的时间，所以让学生绘地图一般先制作个底图，让学生在底图上着色。比如，发给学生中国底图，简单的是在政区图上着色，不同省区用不同颜色；难的是在底图上用分层设色法着色中国地形，不同高度表示不同颜色，而且颜色配搭要协调，这可难住了不少学生。还好，地图展出时，还是有不少优秀作品产生。

当然也有美术功底厚实的学生，利用周末，从头设计，制作出令人叫绝的地图。

二、地理牌制作

地理也可以当牌打，且看学生们的操作。

将若干地理事物名称打印出来，剪成小纸片，贴在普通扑克牌正面。（如若批量生产可以与扑克牌生产厂家定制）（图 2-1-1）

地理事物包括中国和世界上的主要地形（地貌）区、河流、湖泊、气候、自然带、典型植被、岛屿、半岛、海区、洋流、国家、城市、工业区（带）、交通线等，大约有300张。其中使用频率较高的气候类型可以多制作几份。

附：地理牌玩法

1. 制定规则

每一位打牌的人称为牌手。总的原则是牌手每一轮所出的牌都必

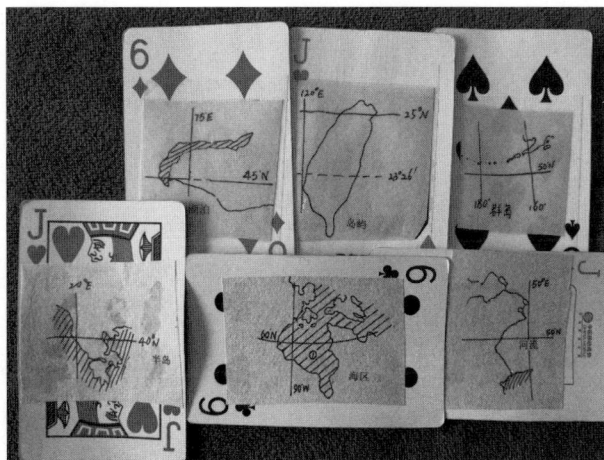

图 2-1-1　地理牌

须存在某种地理联系，打牌的过程，是考察牌手地理知识丰富程度的过程。参与打牌活动的人数不限，不过以每组4~6人最好，每人手中发15张左右为宜。

2. 打牌流程

当轮到某位牌手出牌时，他要观察自己手上的牌，确认某张牌与上家出的牌有地理联系，然后打出去，同时说出这张牌与上家牌的地理联系，当大家表示认可，则算顺利出牌。接下来，就轮到下家出牌了，下家出牌原则与前面相同。当大家表示异议，或裁判表示异议，则本轮出牌无效，牌手所出的牌收回。如果牌手认为手中没有与上家所出牌相关的牌，可以选择"过"，放弃本轮出牌。

按照这个规则逆时针依次出牌下去。当某位牌手出牌后，后面的所有牌手轮一圈都没有能打出与这位牌手所出牌相关的牌时，这轮出牌结束，这位牌手打出新的一张牌，开始下一轮的出牌。

当场上出现某位牌手首先出完手中的牌后，则一局打牌结束，手中无牌的获第一名，依次检查其他牌手剩余牌的张数，张数剩得越多，名次越靠后。

附：实战举例

若有甲、乙、丙、丁四个牌手，甲打出"亚马孙平原"，乙手中刚好有"热带雨林气候"，于是乙打出来，同时说"亚马孙平原是热带雨林气候"，丙手中有一张"刚果河"，也打出来，并说"刚果河流域也是热带雨林气候"，丁手中只有一张"长江"，如果打出来，说"长江与刚果河都是河"，则不被认可为地理联系，只能叫乱联系，要将"长江"这张牌收回去，但如果改说"长

江与刚果河都是外流河",则就能被认可,顺利出牌……

高级打法:

这种打法,难度大增。地理牌面全部是一幅幅局部区域图,可以是区域轮廓图,也可以是只有经纬线的网格图、十字交叉图,都没有明确的地名提醒。打牌方式、出牌顺序不变。不过,当前面牌手打出一张牌后,后面牌手出某张牌时则要说出这张牌所示区域与前一张牌所示区域的某种地理联系。高级打法之所以难度增加是因为,牌手不但要识别出某张牌所示的地理区域,而且还要对该区域所包含的地理事物、地理信息有一个比较广泛的了解。

在这里,举个我与一个学生地理高手过招的例子:经过几轮下来,我们手中的牌都不多了,这时,轮到我出牌,我打出一张印有"马达加斯加岛"轮廓的牌,地理高手想了一会儿,打出一张印有"台湾岛"轮廓的牌,同时说"这两个岛东岸都有暖流经过",我看了看我手中的牌,基本上看不到什么地理联系,突然我看到手中有一张"咸海"的湖泊区域图,我自信地打了出去,同时说道"台湾岛西岸和我这个湖泊周边都有丰富的盐业资源",地理高手直呼"妙!妙!妙!"……

其他事项:

1.对地理基础比较薄弱的活动参与者,可以由地理知识丰富的人充当裁判,地理高手之间的 PK 就用不着请裁判了。

2.玩地理牌的时间可以选在地理活动课、课外活动时间,也可以选在假期同学聚会。

三、地图服装制作

文化衫,最能体现特定文化元素,自己设计的文化衫更能彰显个性。指导学生绘制地图文化衫很有意思。

第一种方式是手绘。买回一件全棉白底的 T 恤衫,就可以 DIY 了。在 T 恤衫正面,用丙烯颜料笔或马克笔将构思好的地图画上去就行了。不过,千万注意的是:这些笔作画,干得快,擦不掉,既是优点,也是缺点,绘图前要准备充分,最好一气呵成,不要忙中出错,要修改已经不行了。另外,在棉布上运笔比在纸上运笔阻力大,一定要掌握好力度,如果拖动不匀,易造成图案线条粗细不均,影响美感。

第二种方式是电脑制图，网上定制。在电脑里找出一幅中国政区图，利用PS软件进行处理。先将政区图黑白化，再进行自然地理环境特色分区，把分区界线用彩色线条表示，接下来，每个区域着上一种颜色，区域之间颜色配搭要协调，然后用绘图笔在每个区域写上比较贴切的说明文字。国界线用红色加粗，不要忘了附上钓鱼岛和南海诸岛的小图。有些场合，我看到中国地图上的海上只有台湾和海南岛，其他没有，这样是很不严谨的，甚至给别有用心的人以口实。做好这些，一幅反映各地自然环境特色的中国地图就成了。

四、地球仪的制作

老师示范。为了教学方便，我用软硬适中的铁丝自制地球仪。铁丝一次次绕过南北极当作经线，一个个大小不等的铁丝圈当作纬线，再把极点和经纬线交叉点固定，还用不同颜色的毛线来缠绕经纬线，表示出 0 度经线、180 度经线、赤道线、东西半球分界线等，一个灯笼形状的地球仪（直接可叫经纬仪）诞生了。轻便、适用的特点让我一用就是好多年，有时其他地理老师，也来借用，它发挥了应有的价值。只可惜，有年放假前后在我没在场的情况下，收破烂的将其收走了。

学生实作。作者在子弟校教初中那会儿，为了加深学生对地球五带的认识，要求全年级学生（200 多人）用乒乓球来做地球五带地球仪，五带分别用不同颜色来表示。这一决定，马上让整个矿区学校炸开了锅，上万人居住的家属区，所有商店的乒乓球全部买光，商家又迅速从其他地方进货，才满足了需求。我对学生做的五带地球仪进行了评比，做得好的给予表彰并进行作品展出，活动到此结束。没想到，此举却把商店害惨了，他们以为销量很大，后期进货量大，以致乒乓球好几年都没销完。

五、立体地形模型

指导学生做地形立体模型，是一项需要耐心的工作。从准备原料到制作、着色、标注前后至少需要半个月，冬天纸浆干得慢可能要一个月以上。

准备阶段

以制作一盘80cm×60cm的中国立体地形模型为例。收集废旧报纸 1kg 左右，将报纸撕碎放在桶中，泡成纸浆。纸浆泡 3 天左右，中途翻搅几次，让纸浆变得更黏稠。

镶一块 80cm×60cm 的木板，四周围以 6~8cm 的木条，做成立体地形模型的底盘。这一步可以请木工师傅完成，除非你是全才，自己 DIY。在底盘里固定一张等大的白布，在白布上描绘中国地形等高线轮廓，待用。

制作阶段

将纸浆捞出，挤掉多余的水分，用适量乳白胶拌匀。从底盘中的青藏高原位置开始，垒上拌好的纸浆，厚薄依等高线的高程决定，逐渐向四周展开，最后到东部沿海平原结束。

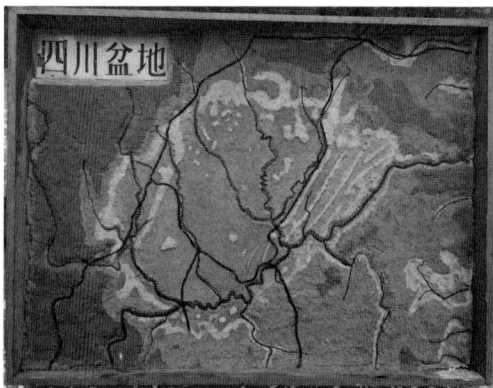

图 2-1-2 地形立体模型

为什么要从海拔高的地方开始呢？道理容易想明白，海拔高的地方，垒的纸浆多，干得慢，薄的地方垒的纸浆少，干得快。先厚后薄能保证垒上的纸浆整体很好地糅合在一起，做好之后，放置在阴凉通风处晾干。这道工序最好一气呵成，不然等干以后说不准"中国"哪个地方就让你搞个大"裂谷"出来，到时要抹平创伤已不可能了。（图 2-1-2）

着色阶段

晾干以后，中国立体地形模型已具雏形，只是不好看。

用油彩笔，蘸上油彩颜料，开始着色。着色的原理必须用分层设色法，不同高度用不同颜色，而且还得按照从低海拔的绿色、浅黄、黄，逐渐过渡到高海拔的褐色、甚至紫色。大陆架可以用白色、淡蓝过渡到深海的深蓝色。

标注阶段

立体模型可以只要图例，不要注记。线状物可以用粗细不同、颜色不同的毛线，如国界用红毛线，河流用蓝毛线。点状物可以用颜料直接点上去，如城市。具体名称就不标了，直接拿立体模型来进行地图过关都可以的。

扫尾工作，在一侧木条上标明比例尺、制作时间等信息，将立体模型侧面和背面的木质表面漆上油漆，就大功告成了。

有人还有疑问，当初为什么要在底盘上铺一层白布？白颜色是为了使画出的等高线明显，布是防止纸浆晾干过程中与木板发生脱离或产生撕裂。看，我们是不是考虑得很周到？

六、教学用矿物化石标本收集

当学生学到地球内外力作用与地貌形成、地球演化等内容时，老师如果能拿出一枚枚栩栩如生的化石，展示在学生面前，无疑是最吸引学生眼球、最能激发学生兴趣的，所以，地理组特别注意在学校周边地区进行收集。学校附近地质地层条件决定了矿物、化石标志可谓丰富，单就化石而言：从古生代的三叶虫、直角石、珠角石、笔石、珊瑚到中生代的菊石、贝壳、银杏化石，再到新生代的高等植物叶脉化石……具体收集途径有四种。

老师敲的。川黔（重庆直辖后叫渝黔）交界是古生代中生代地层大量出露的地方，河谷地带又是天然的地质剖面，发现不同时代的化石的可能性大。利用周末，一个人（有时叫上一两个同伴）带上干粮、挎上水壶，行走在崇山峻岭、河床峡谷之中，找寻那些出露地表的化石。河床的鹅卵石堆中、两岸的陡崖壁上、山民的院坝场边、山村的碎石旁，都曾发现即将消失或被破坏的化石，像找到失散多年的亲人一样，倍感珍惜地将它们收集起来。采集化石，最忌使用暴力，有时，为了一颗完整化石，必须小心翼翼地从化石外围轻轻修整，一枚完整化石剥离下来时，已花去几个周末时间了。（图2-1-3）

图2-1-3 分化石标志

学生找的。所任教的学生，多数能幸运地到野外进行地理考察，其中就有寻找化石的项目。学生毕竟人多势众，在河漫滩乱石中找到化石的概率大得多。每一次外出，学生都有收获，他们除留一些作为纪念外，也交一部分到学校。

亲友送的。有时有这样的情形：一位朋友找来，拿出一枚化石，要老师鉴定。每到这个时候，老师就成为一个科普宣传员，不遗余力地进行地质知识的普及。末了，朋友说，拿这个化石也没啥用，不如拿去当标本吧。这样，又收集到一枚化石了。

花钱买的。平时喜欢旅游，尤其是带有探险性质的。有时，在偏僻山村，看到村民使用的某种石制器物上居然有化石或化石图案，或者看到小朋友玩的某样石质玩具居然也是化石，就会同这些村民或小孩家长商议，买下这些带化石的石制器物或玩具。另外，还有直接花钱请山民帮忙把附着化石的大型石块搬回学校的情况。

02 民间工艺篇

渝黔交界地区民间艺术与民间工艺探究

指导教师：冯成书　谢连杰　曾　山

第一节　民间艺术概述

随着社会的发展，人们传统的审美价值观念也随之改变。民间艺术赖以生存的经济基础和文化土壤遭到破坏，正逐步走向萧条、衰退和消亡。我们有义务有责任向学生介绍与展示民间艺术，让学生理解、认识、欣赏它们，对他们进行民间艺术教育。

学生学习民间艺术的价值和现实意义

民间艺术是我国各地方的地域性文化，是祖国传统文化的一部分，合理利用民间艺术，将其引入作为学校美审美教育内容，重视地域文化和民间文化的开发利用，补充鲜活本土家乡文化的课程资源，以拓展学校教学空间，有利于引导学生了解本土文化，有着深刻的现实意义。

（一）将民间艺术引入课堂的必要性

民间艺术反映着劳动人民的审美情趣，是我国民间文化重要组成部分。由于民间艺术包含着广泛而独特的地理知识、历史遗迹、民俗文化、民间故事等等内容，学生通过欣赏教学认识传统的地方文化，有利于对传统艺术教育的发展，以激发学生对我国丰富多彩的民间艺术的喜爱之情，培养起民族艺术的认同感和热爱感。学习民间艺术,是在教学生怎样理解中国的劳动人民在苦难重重的生产生活环境中的浪漫主义精神和乐观主义精神。现在我们的中学生尤其是条件优越的中学生,缺乏的正是这样一种情感。

(二)利用家乡的民间艺术资源拓展课题内容

民间艺术蕴含着我国几千年来的劳动人民朴素的审美观念,体现了人们对美好生活的追求与向往,表达感情自然朴素,表现题材丰富,表现手法自由洒脱,强调主观感情的自然流露,构思精巧富有寓意,这些对当代艺术创作有深远的影响。民间艺术课程,可以使学生深刻体悟民间艺术的自然审美,理性美提高学生的审美情趣和艺术修养。

(三)拓展学生的艺术创造力,有助于培养学生创新性学习

民间艺术是现代艺术的设计的精神和创造力的源泉,学生在感受、发现、探究学习可以自由发挥想象,肆意表达自己的情感,对于培养学生创新能力起到积极作用。

第二节　渝黔交界的民间艺术

渝黔交界山区除了有汉族外,还有苗族、回族、布依族、彝族、京族、白族、傣族、朝鲜族、藏族、侗族、瑶族、哈尼族等13个少数民族800多人。除汉族以外,以苗族同胞居多。历代以来,苗汉人民相互尊重、和睦相处,建立了深厚的感情,共同为安稳的社会主义建设和经济社会发展发挥了积极作用。

渝黔交界汉族的民间艺术形式及介绍

民间文化历史悠久,丰富多彩,活跃于田间地头,早在明清时期就盛行的打玩意儿、龙灯、狮子花船等群众广泛参与的活动,至今流传下来。

(一)打玩意儿

打玩意儿,即川剧小唱。打玩意儿和正宗的川剧不一样,不需要华美的服饰,不需要多大的舞台,也不需要唱得很动听的技巧,只需要唱出一个"情"字就行。打玩意儿一般只需要5~6人即可,主要用川剧中的鼓、锣、钹、二胡、京胡、小鼓等乐器,打、唱相结合,主唱传统川剧折子戏的选段。

（二）舞狮、玩龙灯、腰鼓、秧歌舞、花船等艺术形式

舞狮、玩龙灯、腰鼓、秧歌舞、花船等艺术形式是安稳镇民间文化的重要组成部分，每年春节大年初一至十五日（元宵节），由街坊生意铺子提头组织（相当于今天的商会）的舞狮玩龙灯活动，是安稳过年最精彩的节目，家家户户，男女老少都要到现场看热闹，把个场上拥挤得水泄不通。安稳扎龙灯的艺人最有名气的是文煜成、张文清师徒二人，每年的舞狮玩龙灯活动都由他们负责编扎十五节（竹制）组成的长龙和两头雄狮，一艘彩船（花船）。

（三）山歌

山歌来源于民间，产生于田间地头是人们劳动过程中，或在休息的时候喜欢唱的山歌，借此驱逐疲劳，增加劳动快乐。山歌简单通俗易上口，曲调通俗诙谐，而且老少皆宜。唱山歌往往是甲乙双方对唱，一唱一答，有时唱了半天还不分胜负，又继续进行。其最有代表性的有石壕山歌，《薅秧歌》《盼好运》《心底话》《妹思情》《哥想妹》等。

（四）农民版画

农民版画传统历史文化积淀丰厚。汉族、苗族、彝族土家族等13个民族聚居在这里，这里的民风民俗具有浓郁的民族特色和鲜明的地域特点。蓝印花布、扎染、蜡染、木雕、木版年画、石刻、剪纸、挑花、刺绣等传统民间艺术源远流长世代相传。安稳的农民版画起源于明清年间，是一种先在木板雕刻成图，再拓印到纸上的纯手工之作，画师生于民间，在民间文化的熏陶中成长，他们创作的灵感来自生产生活实践，主题以庆丰收庆节日为主，作品构图明快，色彩艳丽厚重，具有浓郁的民族民间风情和生活气息，是安稳这片土地上的田野欢歌。安稳的农民版画作者全都是泥腿子农民，他们放下锄头，拿起刻刀创作版画，他们没有专业的美术教师教学，巴渝都是跟着长辈学习刻印新技术，凭借自己对生活的热爱而创作，把劳动生活中的感人故事，改动后再贴在墙上。

（五）石壕杨戏

石壕杨戏的起源，被誉为民间戏曲的活化石是地方戏剧中的一种，发源于贵州山区，解放前曾在与贵州接壤的石壕、赶水一带演唱，现仅石壕镇的皂泥村尚存。据如今的传人讲，该戏不是"阳戏"而应为"杨戏"。多因发明者和倡导者都姓杨，唱此戏的人也多为杨姓家族，供奉的神也是杨姓，如川祖杨戬（二郎神）等，因而名"杨"。

清朝咸丰年间，杨姓家族举家搬迁到綦江区石壕镇皂泥村，该戏便在石壕地区生根发芽。石壕位于綦江最南端，是与贵州省桐梓县尧龙山镇接壤的偏僻山区。这里气候寒冷，山高路险，经济相对落后，与外界沟通不多，使杨戏班子侥幸保留了下来，迄今已传承千年历史。綦江人习惯把杨戏称为"石壕杨戏"。

石壕戏的唱腔以道教音乐为主。演唱的内容以《封神演义》《三国演义》等民间传说和历史故事为主，再加上演唱者的理解和临场发挥，宣扬忠孝节义，传播历史故事和生活常识。

少数民族的文化艺术

在渝黔交界处，除了汉族以外，还有许多少数民族。这里住有苗族、彝族、布依族、回族、京族、白族、傣族、朝鲜族、藏族、侗族、瑶族、哈尼族等13个少数民族。除了汉族以外，以苗族同胞居多。苗族的民间艺术有苗歌、芦笙舞、苗家刺绣、苗家蜡染、苗家扎染、苗家剪纸、苗家服饰等。

（一）苗歌

苗歌主要分布在安稳、打通、石壕地区。苗歌内容尤其丰富，都是以苗族自己特有的苗语传唱，各种民歌形式，有传统的歌词，也有即兴编唱的内容。苗哥根据其内容可分为由方歌、酒歌、苦歌、反歌、丧歌、劳动歌、时政歌，儿歌，谜语歌等几类，曲调各不相同。代表曲目有《踩山坪》《苗家结婚》等。

（二）芦笙舞

芦笙舞主要分布在打通、石壕、安稳等地。关于芦笙舞的起源，苗族有一个美丽的传说，相传盘古开天辟地之时大地一片荒凉，那是苗族祖先是靠狩猎飞禽走兽作为衣食的，为了解决捕获鸟兽的困难，当时一个心灵手巧的小伙子，在树林中砍一下树木和竹子，做了只芦笙模仿鸟兽的鸣叫和动作，吹跳起来以引诱各类鸟兽。从此，人们每出猎均有所获，于是芦笙舞就成了生活的必需，而世代相传。芦笙由苼斗、苼管、簧片和共鸣管构成。苼斗又称气箱多用杉木、松木或梧桐木制作，以杉木最佳，纹理顺直，质地松软，少疤节，外观呈纺槌形，长46~56cm、宽4~9cm，高3.5~8cm，细端再接一根长15cm左右、外径1.8cm左右的竹管为吹口。苗族芦笙最常用的是六管儿七音芦笙，又有大、中、小三种区别。

（三）苗家刺绣

苗家刺绣是苗族源远流长的手工艺术，是苗族服饰主要的装饰手段，是苗族女性文化的代表。苗族刺绣中常见的人骑龙或骑水牯纹样，体现了苗族人民英勇无畏的气概和生活情趣。苗族刺绣做工精细，造型飞扬，通过色彩运用、图案搭配，达到视觉上的多维空间。借助色彩和不规则的几何纹样搭配，形成多视角的图案，从而达到"侧看成岭近成峰"的立体与平面视觉效果。苗族刺绣题材丰富，较为固定的有龙、鸟、鱼、铜鼓、花卉、蝴蝶，以及反映苗族历史的故事性画面。苗族刺绣有12类技法及平绣、挑花、堆绣、锁绣、贴布绣、打纸绣、破线绣、钉线绣、绉绣、缠绣、马尾绣、锡绣、蚕丝绣。刺绣是苗族女人的特长，很多作品都具有技术高超，造型奇特，想象丰富，色调强烈，风格古朴的特点。

（四）苗家蜡染、扎染

苗家蜡染有着悠久的历史，据史料记载，苗家蜡染的历史可追溯到汉代。有关蜡染起源的传说苗族中还有多个版本的传说。蜡染也叫"蜡防染色"，它是用蜡把花纹点绘在麻、丝、棉、毛等天然纤维织物上，然后放入适宜的低温条件下，染色的湛蓝染缸中浸染，有蜡的地方染不上颜色，除去蜡及现出因蜡保护而产生的美丽的白花。蜡染的灵魂是"冰纹"，这是一种因蜡块折叠迸裂而导致染料不均匀渗透所造成的染纹，是一种带有抽象色彩的图案纹理。苗族蜡染有点蜡和画蜡两种技艺，蜡染的制作工具主要有铜刀、瓷碗、水盆、大针、骨针、谷草、染缸等。扎染分为绳扎和缝扎。绳扎，就是将在白布上画好的图案，顺着图案用双手叠好，以绳扎紧；缝扎，即用针线将白布上画好的图案连结起来，撮成一团扎紧。从技艺上来讲，又可分为紧扎和松扎。紧扎，即将扎的地方扎紧，不让颜料浸透进去；松扎，就是有意识地放松扎绳，让颜料能够浸选部分到所扎的布团去，将扎好的白布放入染缸，待染好后，捞出布料，清水漂洗，解去扎绳再漂洗晾干即成。

（五）苗家剪纸

苗家剪纸，俗称"花纸""剪花""绣花纸"。苗语称"西给港""西给榜"，意为"动物剪纸"和"花卉剪纸"。

苗族剪纸艺术是随着苗族刺绣的发展运时而生的，苗族最初的剪纸是刺绣的第一道工序，作为刺绣的图案，剪纸有着举足轻重的作用。

苗家剪纸题材包括苗族神话传说和自然界中花、鸟、虫、鱼、动物等形象，内容反映了苗族对远古图腾和自然的崇拜，蕴含着大量神秘的宗教文化信息和原始的艺术特征。

第三节　综合实践活动实施范例

苗族扎染技艺学习研究

知识链接：扎染秦汉有之，已有数千年历史，这古代染色中的奇葩，扎染有着悠久历史。起源于黄河流域。起源于何时尚无定论。现存最早的扎染制品，是出于新疆地区。据记载，早在东晋，扎结防染的绞缬绸已经有大批生产。公元408年东晋时期的作品，扎染这种工艺早在东晋时期就已经成熟了。当时绞缬产品，有较简单的小簇花样，如蝴蝶、蜡梅、海棠等；也有整幅图案花样，如白色小圆点的"鱼子缬"，圆点稍大的"玛瑙缬"，紫地白花斑酷似梅花鹿的"鹿胎缬"等。在南北朝时，扎染产品被广泛用于妇女的衣着。唐代是我国古代文化鼎盛时期，绞缬的纺织品甚为流行、更为普遍，"青碧缬衣裙"成为唐代时尚的基本式样。北宋时，绞缬产品在中原和北方地区流行甚广。发展到近代，扎染显示出浓郁的民间艺术风格，1000多种纹样是千百年来历史文化的缩影。2006年，扎染技艺经国务院批准入选《第一批国家级非物质文化遗产名录》，申报地区为云南省大理市、四川省自贡市。但随着时代的快速发展，扎染文化渐渐被淡忘。

学习扎染技艺的背景

地处渝黔交界，我们的广大劳动人民创造了众多民间艺术形式，包括了民间工艺美术、民间音乐、民间舞蹈和戏曲等多种艺术形式。我们的中学生却对这些艺术形式知之甚少，为了我们的民间艺术文化得以传承，也为了我们的后代能够了解掌握更多的民间技艺，我们组织开展了此次研究性学习。根据课题的学习内容，本次学习研究主要采取问卷调查、现场采访、走访、统计报表、现场学习等方式。

学习扎染的价值与意义

一、让我们高中学生对非物质文化遗产知识有直观的了解与保护传统文化的意识。

二、培养学生的动手学习、组织策划、信息沟通、观察分析并总结的能力。

三、为打通镇对扎染艺术的传承学习与保护提供了重要的参考意义。

学习研究的主要内容

一、扎染现状调查

实地调查石壕镇扎染技艺与扎染文化。

1.采访石壕文化站站长，了解政府对扎染艺术的传承与保护问题。

2.采访苗族扎染文化传承人了解扎染技艺。

二、扎染的学习与制作

在老师的带领下在石壕龙泉村跟扎染传承人学习扎染技艺。

实施准备及过程

一、准备阶段

组成研究小组，在老师的带领下，根据当前国家对传统文化的保护政策、要求，确定研究课题，拟定研究方法，成员分工合作。

（一）成立研究小组及成员分工

1.两名老师一名组织学习研究，一名负责生活和安全。

2.学生研究小组由高一年级的 8 名学生组成。

（1）负责记录整个研究过程 1 人

（2）负责研究过程全程照相 1 人

（3）负责调查采访中的提问和组织及后期的资料收集整理工作 2 人

（4）负责最后的资料汇总以及报告的呈现工作 1 人

（5）负责跟扎染技艺传承人认真学习扎染技术并总结学习过程和心得 3 人

（二）确定研究课题及研究的方法

1.研究课题：苗族扎染技艺学习研究

2.研究的方法：调查走访、实地学习操作法、观察法、探究法等。

（三）准备扎染所有材料

1.上网查找扎染需的材料

2.准备材料

纯天然棉、麻、丝的布料。直接染料。稍粗的棉线一根。手套、脸盆、锅、盐。

二、实施阶段研究过程

（一）扎染现状调查研究

1.采访石壕镇文化站黄站长

（1）了解石壕镇苗族的分布

（2）了解石壕镇苗族的扎染文化及传承人

（3）了解政府对扎染艺术的传承与保护问题

2.走访石壕镇龙泉村苗族扎染技艺传承人

（1）了解扎染艺术的来历和技艺

（2）预约学习扎染艺术技艺

（二）扎染技艺的学习制作过程

1.浸湿布料：布料放入脸盆，用凉水浸湿。（图2-2-1）

2.扎

扎（有很多种），这是扎染关键性的一步，也是体现染后效果和花纹设计感的一步。条纹扎法：将布料像叠纸扇一般按喜好进行数层折叠，然后用棉绳从上到下将它绑紧，捆成麻花状，要将褶均匀地露出。圆圈扎法：想达到圆圈晕染的效果，可在布料上包一个小扣子等圆形物，然后用棉绳捆紧。画图扎法：对于有具体图案要求的，比如想精确地染出小动物图案的，首先要用铅笔在布料上画出图案，然后"行缝"，所谓的行缝就是用针沿铅笔的轨迹，缝出大概的样子，每一针之间的行距越小，精确度越高。在缝完以后将线抽死抽紧，打结固定。同样，也可以制作随意的图案，关键还是扎的过程，将布料像揉纸团一般随意团上，然后用棉绳随意将它捆紧。（图2-2-2、图2-2-3）

图2-2-1　浸湿布料　　图2-2-2　扎布料　　图2-2-3　扎布料学生做

3. 染色

在锅中倒入能没过布料的水，煮沸后戴上手套，放入盐和染料。随后放入布料。此时如果布料已经干了，那么再冲一下凉水浸湿，否则颜色会显得不自然。一切就绪后，调到小火继续煮20分钟左右。与煮菜相像，每隔5分钟左右将其翻一下。但是，煮的火候也依据个人喜好有所区别，想要达到发旧的效果，时间短一点，而想要鲜艳的效果，则煮得长一点。（图2-2-4）

4. 洗浮色

清洗染好的布料洗掉浮色。（图2-2-5）

图2-2-4 染色

图2-2-5 洗浮色

5. 晾干

打开绳结，展开布料，晾干即可。（图2-2-6、图2-2-7）

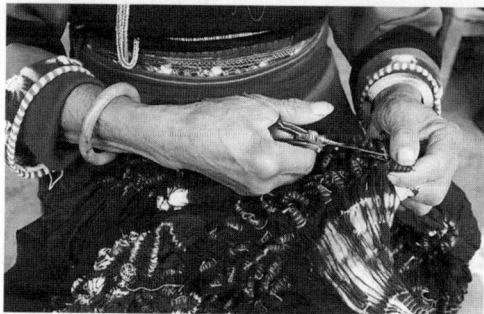

图2-2-6 打开绳结

图2-2-7 展开布料，晾干

6. 成果展示

经过同学们的辛苦劳动终于可以看看自己的作品了。（图2-2-8、图2-2-9、图2-2-10、图2-2-11）

图 2-2-8　成果展示

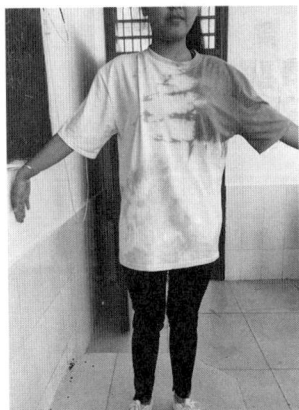

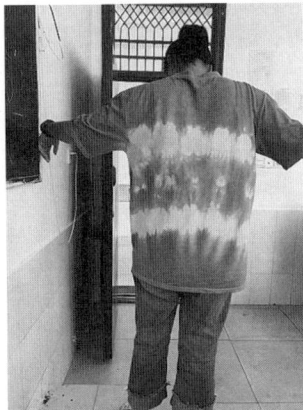

图 2-2-9　成果展示　　　图 2-2-10　成果展示　　　图 2-2-11　成果展示

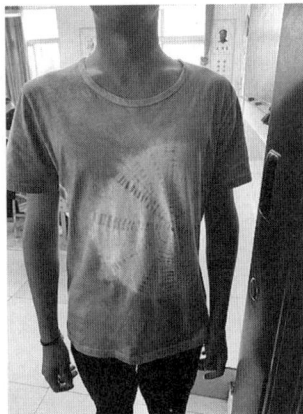

学习研究的结论与反思及民间艺术的传承

　　扎染是传统与现代的完美结合激发学生发现美、热爱美、创作美，热爱生活的情感，在本次研究性学习中，运用了合作探究法、观察法、归纳法、互动交流法、实践操作法，帮助学生学会自己去看、自己去想自己去做，激发学生学习热情。教学中也出现不少遗憾，值得反思的是，难做到面面俱到，想让学生了解更多的扎染知识，对更多的民间艺术有更全面的认识，还有很长的路要走。

　　教育部门和各级各类学校要逐步将优秀的体现民族精神与民间特色的文化

内容编入有关教材，开展教学活动，随后教育部把民间美术，民间音乐等列入义务教育美术音乐教学和素质教育内容之中，但由于长期以来西化教育模式和应试教育的引导，绝大部分人对民间艺术缺乏应有的重视和价值认知，导致我国九年义务教育领域的民间艺术教育现状并不乐观。因此，开展研究性学习，对于学生了解、认知和感受民间艺术才可以使民间艺术得到真正的传承。

一个民族的文化要发展，一定要建立在民族文化基因发展基础之上。才有可能使民间文化传承在基础教育中，真正走向文化资源可持续发展的未来，才能将我国教育体系进一步走向完善和健全。

青田石的研究

指导教师：曾　山　　肖　宇

一、研究缘由

（一）培养我们的想象力和发散思维能力是艺术学习的灵魂

艺术作品是人们的观念、情感的具象统一体。在艺术创造与欣赏活动中想象是艺术的生命，离开了想象，艺术就难以生存。艺术作品的深刻内涵是需要欣赏者对作品进行观察、想象和评论，才能概括出作品所表达的主题。因此充分发挥我们的想象力，才能揭示出作品的主题和作者的情感。

（二）培养我们的造型能力是艺术学习的核心

联系实际生活把抽象的客观事物直观化、形象化，因此我们应该将现实中的一些事物同学习结合起来，让我们有机会在自我表现、自我评价的过程中提高我们的艺术造型能力。

（三）培养我们的审美、鉴美能力是艺术学习的终极目标

中学美术包括绘画、工艺、雕塑、建筑四大门类，每一门类的创作都是审美创造，都离不开技能、技巧。技能是创造力的行为能力，技巧是对材料进行艺术加工时的技能和巧思，所以强化我们的技能技巧训练，培养我们双手的灵敏性、准确性、协调性就显得尤为重要。因此，我们选择了雕塑门类中的石刻这一相对简单、易于研究的小门类进行探究。而青田石质地细密纯净，温软高雅，耐受高温，软硬适中，雕镂的线条可细如发丝而不断裂可雕性特别强，对于我们这样的初学者来说是最适合不过的石刻研究材料。

其实，通过网络我们可以买到大量的青田石刻成品，但是闻名不如见面，见面不如动手练一练，为了提高我们自己的动手能力，对艺术品的造型能力，审美、鉴美能力，特开展此次青田石刻研究。

二、研究的意义和价值

（一）丰富我们的课余生活

忙碌的高中生活中透露着单调和偶有的乏味。为了让我们的课余更加丰富充实，在老师的带领下我们便开始了此次的研究性学习。

（二）培养了我们的动手能力

随着时代的发展，加上高中较为繁重的学业课程，劳动渐渐从我们的日常生活中剥离出去，虽偶有劳动，但我们的动手能力却大不如前，为了培养我们的动手能力，我们便开展了此次青田石刻研究性学习。

（三）提高我们的审美、鉴美能力

对艺术品的打磨、品评和相互交流可以进一步丰富我们对美的认知，提升我们对美的欣赏能力，为此我们开展了此次青田石刻研究性学习。

（四）传承中国传统手工艺作品

随着科技的进步，人们对科技的依赖程度越来越高，一些传统手工艺渐渐消失于人前。为了呼吁当代青年学生对传统手工艺的学习乃至进一步传承，我们开展了此次青田石刻研究性学习。

三、研究学习主要内容

（一）研究青田石刻的历史发展和文化内涵。

（二）研究青田石刻过程所用刻刀种类，以及如何正确安全使用刻刀。

（三）研究青田石刻中何为阴刻、阳刻，以及如何精准实施阴刻和阳刻。

四、研究计划

青田石刻计划表	
时间	活动内容
2020 年 11 月中旬	准备课题，小组分工
2020 年 11 月中旬—11 月底	（1）制订方案（2）开展研究
2020 年 11 月底	（1）方法改进（2）总结归纳

五、研究方法

网络查找法、小组探讨法、试验研究法、经验总结法、向专业人士咨询等。

六、研究过程

（一）前期准备阶段（2020 年 11 月中旬）

11 月 18 日我们班的几名同学组成研究小组，在老师的引导下，查阅有关石刻文献，结合所学的美术知识，以及自身兴趣爱好，我们确立了"青田石刻"的研究性学习课题。确立课题后，我们通过老师指导、查阅书籍、网络知识查询等方式，初步学习到了青田石刻雕刻过程。①所需工具：如圆刀、平刀、斜刀、三角刀等刻刀；②基本雕刻手法、技巧：如阴刻阳刻的具体雕刻手法；③材料：如胶水，印纸等；④具体操作步骤。

1.青田石刻的背景知识准备阶段

通过老师讲解和网络查询我们了解到青田石产于浙江青田县，属于叶蜡石是一种变质的中酸性火山岩，在中国一并与巴林石、寿山石和昌化石被称为中国的四大名石。它质地温润，硬度适中，特别易于雕刻。是中国篆刻艺术应用最早，应用最为广泛的印材之一。

青田石的石色与所含微量化学元素有关，如氧化铁让它呈黄棕色、赭色；赤铁矿让它呈红色、红褐色；钛元素让它呈淡红色；锰元素让它呈紫色；绿泥石混入让它呈绿色，因此青田石色彩斑斓，花纹奇特，多达十几种颜色。

青田石奇石具有"六相"，即：纯——石质分子结构细密、温润；净——无杂质、清净；正——无邪气，具有正雅之感；鲜——光泽鲜艳；透——光照透明，具有冰质之感；灵——气脉内蕴，光彩四射。（图 2-2-12）

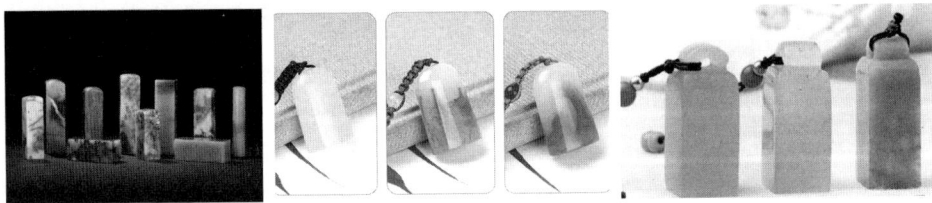

图 2-2-12　各色青田石展示

早在六朝时候青田石就被发掘出来，宋代时已有较多的开采利用。多用于制作文房雅具、图章等小件玩耍之物，到明代随着石质印材逐渐取代金、玉、铜、牙等，以及晚明文彭的青睐有加，一时之间，作为上品印石的青田石，声名大噪。到了近代，青田石不仅用于工艺制作，还用于工业，且以实用为主。文房用品、石碑、香炉、佛像等不一而足。中华人民共和国成立以来，青田石雕又以独特精湛的工艺被外交部定为国礼。（图 2-2-13、图 2-2-14、图 2-2-15、图 2-2-16）

图 2-2-13 青田六面印章

图 2-2-14 青田石"马衡"章（故宫藏品）

图 2-2-15 青田石刻画 竹石兰

图 2-2-16 清代 青田石六面印（上海博物馆藏）

2. 材料工具准备阶段

（1）时间：11月中旬

（2）地点：校园内

（3）所需工具、材料：

①质地均匀、形状饱满、易于雕刻的青田石

②适于青田石刻的各类刻刀

③印纸和胶水

（4）本阶段任务分工：

工具材料准备	罗伟、刘艾佳、王渝、胡漫、程佳平
摄影整理	罗伟、刘艾佳

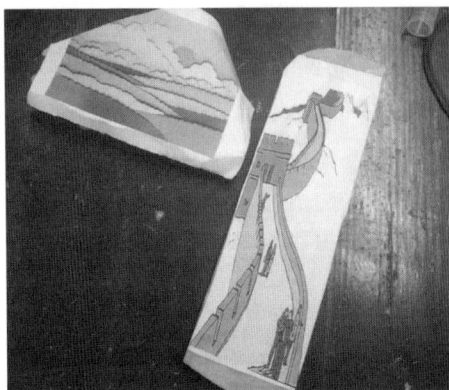

图 2-2-17　印纸：日出、万里长城

图 2-2-18　印纸：骏马奔腾

图 2-2-19　挑选可用石材

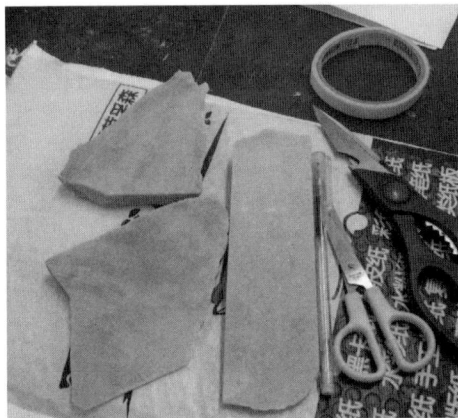

图 2-2-20　可用石材

图 2-2-21　所需的五种刀具

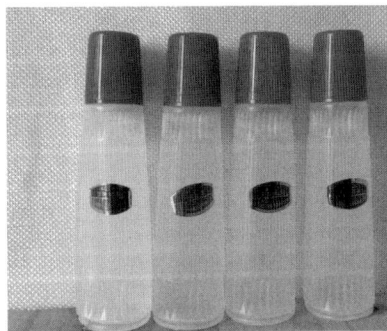

图 2-2-22　粘印纸所用的胶水

3. 雕刻前的试验阶段

（1）时间：11月中旬

（2）地点：学校

（3）本阶段任务分工：

准备用于试验的青田石	罗伟、刘艾佳
试验过程	罗伟、刘艾佳、王渝、胡漫、程佳平
摄影	罗伟、刘艾佳

（4）实施目的

参与研究的各成员，用较小的青田石找找手感，其目的是：①避免正式雕刻过程中力度、方向把握不好浪费优良石材；②避免手法不当造成手指划伤。

（5）阶段小结：

在试验过程中，由于雕刻的刻刀具有专业性，以及一定的危险性，试验过程我们其中一个成员因力度过大，角度不合适将左手食指划伤，索性并无大碍，在迅速处理伤口之后，我们及时地沟通交流，相互吸取经验教训，力图在正式雕刻的过程中确保我们自己的安全。（图2-2-23）

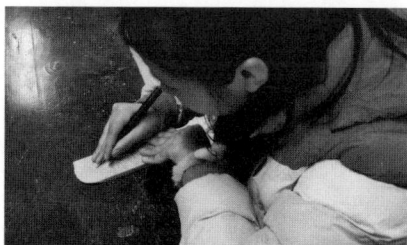

图 2-2-23　在废弃石块上试刻

（二）正式雕刻的具体实施阶段（2020 年 11 月中旬—2020 年 11 月底）

1. 时间：2020 年 11 月中旬—11 月底

2. 地点：校园内

3. 本阶段任务分工：

准备工具	罗伟、刘艾佳
内容设计	罗伟、王渝、胡漫、程佳平、刘艾佳
制作	罗伟、王渝、胡漫、程佳平、刘艾佳
摄像	程佳平、王渝、胡漫
后期整理	王渝、胡漫

4.青田石刻的实施具体过程：

将前期所准备的待用石材、刻刀等工具放置备用。

根据青田石的大小、形状将印纸粘贴在青田石表面。

将粘好印纸的青田石放置阴凉干燥处晾干。

待胶水干透之后，用三角刀沿着印纸的图案刻出轮廓。

然后撕掉余下的印纸。

雕刻大致结束以后，检查整体效果，如果雕刻效果没有印纸上图案的效果理想可以用刻刀稍微修饰加以更改，但修饰过程一定得小心，力度轻微，防止石材出现裂痕。

雕刻结束以后再将青田石置于常温的水中浸泡，并用手轻微擦洗，使其表面无粉末，无纸末，最后晾干。（图 2-2-24）

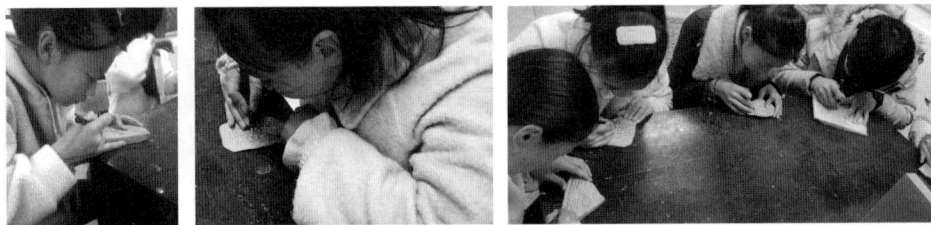

图 2-2-24 正式雕刻

七、探究过程中的方法改进和创新

1.在初步试验雕刻力度过程中，我们因力度掌握不好，导致石材产生裂痕，通过反复调试力度方向、着力点等，最终找到了适合我们自己的雕刻办法。

2.在初步探究刻刀的选择时，因为经验几乎为零，导致阴阳刻线条不够流畅，不够均匀，外表不美观；刻刀选择不当导致刀杆磨手。但最终通过老师的讲解，通过反复试验，以及更换更加适合的刻刀，问题得到最终解决。

八、收获与总结

为了更好地完成此次研究任务，从前期雕刻材料工具的准备，到关于青田石刻相关的雕刻技能的准备，以及最终的雕刻过程，我们小组成员分工合作，查漏补缺，互相及时地分享我们彼此的心得体会和经验，积极发挥我们的主观能动性，在传统的雕刻知识基础之上结合实际融入我们自己思想开展工作。

在此次青田石雕刻环节我们收获了很多，比如在雕刻的环节会出现一些小插曲，当你在专心致志地进行雕刻时，哎呀，用力方向不对，刻刀不小心带出了一条小尾巴，怎么办呢，一起探讨，难道更换石材？可是材料非常有限，最后一名组员说何不在划痕的地方添加一些东西形成新的图案形呢？于是我们对"小尾巴"进行加宽，形成一条沟，还别说，图案更加生动，就这样一个问题得以解决。

但是一波未平一波又起，刚开始还挺顺利，突然，不知何原因，刻刀划不动了，这让我十分恼火，我用劲儿耐心打磨，仍旧没有进展，询问老师我才知道，原来这块石材中掺杂了一些小碎石头。老师说"同学们不要着急也别泄气，没有任何一件事情是一气呵成的，放慢节奏，一点点慢慢打磨"。听了老师的话后，我们坚持一点点削、一点点铲，功夫不负有心人，问题得到顺利解决。应了那句老话"只要思想不滑坡，办法总比困难多"。

过程虽然不如我们想象的容易，但是我们从未想过放弃。

九、思考与疑问

（一）如何让青田石刻这一传统工艺代代相传。

（二）除了青田石以外，其他石材是否也适合雕刻？

十、附录

青田石刻成果展示：（图2-2-25、图2-2-26、图2-2-27、图2-2-28、图2-2-29）

图2-2-25 骏马奔腾

图2-2-26 林中小屋

图 2-2-27　日出　　　　　图 2-2-28　万里长城　　　图 2-2-29　"廉"字

十一、参考文献

［1］刘心明.中国古代石刻文献研究概论［M］.济南：山东大学出版社，
　　　2003.

［2］刘琳琳.近十年石刻研究文献综述［M］.北京：华夏图书馆出版，2015.

传统蜡染工艺的探索与研究

指导教师：曾 山 孔 燕

一、研究缘由

首先，蜡染在中国的历史悠久，是中国传统民间印染工艺之一。它是苗族的一种特色，具有 2000 多年的历史，早在战国时期便已出现了蜡染工艺，在唐代时期尤为盛行。蜡染的图案以写实为基础，造型不受自然形象细节约束，从而可以进行大胆而夸张的变化，含有无穷魅力，图案纹样一般来自生活或优美流传的故事，具有浓郁民族色彩。

其次，蜡染在原有历史条件下，已由原有功利意念转化为用作欣赏的审美形式。当人们站在现代文明的角度去审视与评价这种传统的文化艺术品时，它已超过了本身的意义，转而作为一种艺术元素进入现代艺术生活，实现了向科学文化氛围与审美境界的跨越，展示出新的文化意义。

我们之所以选择蜡染作为本次研究学习的主题也是基于它是中国传统民间印染工艺之一。可作为传统手工艺，现在却鲜有人了解它的历史和本身，除去历史文化背景，蜡染的文明已经过时间的打磨，以全新的姿态进入我们的现代生活。为此，我们想通过本次研究性学习的机会去了解和学习它，也想让更多人关心到传统手工艺的美，让传统手工艺更好地融入我们现在的文化和生活。它悠久的历史更是为其笼罩上浓厚的神秘色彩促使着我们去发现它。

二、研究的价值

1. 蜡染是古老艺术，也是现代艺术。它的造型简练，色彩单纯明朗，纹样独特天然，它适应现代生活需要，更能锻炼个人审美。

2. 蜡染作为传统手工艺，在探索它的过程中，能锻炼我们的动手能力，也能让我们亲身体会传统手工艺本身的魅力。

3. 动手过程中，可以培养我们组织策划、沟通、语言表达能力、社交能力和观察能力、归纳总结综合能力。

三、研究主要内容

1. 对蜡染布料的认识（使用棉布、棉漂白布、棉麻布效果较好）。

2. 对蜡染工具的认识：布料，染料，铜制蜡笔或者毛笔（但是毛笔容易导致蜡液冷却凝固，一般不选择）、加热器等。

3. 学习蜡染工艺的制作方法。

4. 通过实验的方式，探究蜡染的制作工艺和流程。

5. 总结实施中的熔蜡经验，染料的调色经验以及布料的上色经验。

6. 在研究中小组成员相互思考讨论对已完成的研究步骤的创新和蜡染布料的加工美化。

四、研究对象

传统蜡染的制作工艺。

五、研究计划

内容	时间	人员分工
确定课题	2020 年 10 月	全体小组成员
共同学习蜡染的制作流程	2020 年 10 月下旬	全体小组成员
蜡染材料的采集	2020 年 11 月上旬	文双迪：负责布料的采集，包括白色纯棉布、白色的旧衣物等 曾萧迪、吴晓悦：负责蜡、蜡刀、电磁炉、纸板、水盆等制作工具的采集 冯雨菏：负责靛蓝染料的采集 何悦：负责蜡染图案的搜集和汇总，并对材料采集的过程进行文字、图片、视频等方式的记录

（续表）

内容	时间	人员分工
蜡染的制作实施	2020 年 11 月中下旬	何悦：在布料上进行绘画打样 吴晓悦：负责熔蜡和控制蜡的温度 文双迪、曾萧迪：对打好样的布料进行上蜡 吴晓悦：染料水的配制 冯雨菏：对上好蜡的布料进行染色
染色布料的后期处理	2020 年 11 月下旬	全体人员

六、研究方法

根据本次课题的研究内容所需要，此次研究过程主要采取了图书查找、网络查询、调查采访、实验研究、总结经验等方法。（图 2-2-30）

附前期选题和探讨方案的过程。

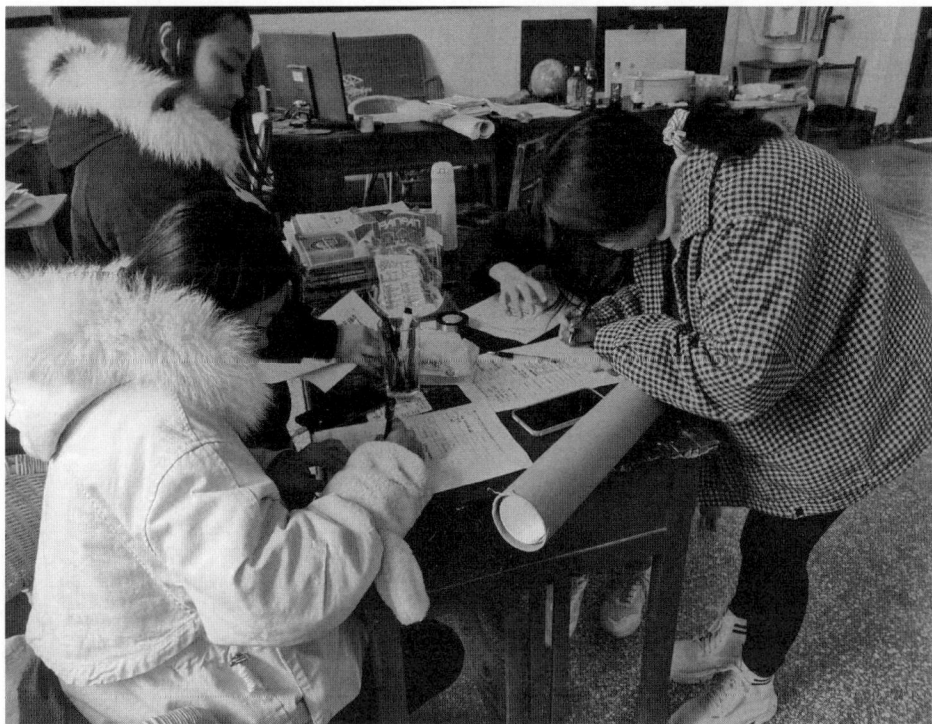

图 2-2-30　集体探讨综合实践活动课题研究方案

七、研究过程

本次研究性学习的研究过程总体分为前期技术、材料、工具等的准备和蜡染具体实施的过程。

（一）前期准备阶段（2020 年 11 月上旬）

1. 网络学习蜡染过程

11月中旬，我们班的 5 名同学组成了研究性学习小组，并在老师的带领引导下，出于受到传统艺术的神秘色彩渲陶，以及关于传统手工艺的传承问题，我们确立了"传统手工艺蜡染"的研究性学习课题。在课题确立后，我们小组全体同学，围绕蜡染，通过网络搜索文字以及视频等方式，初步学习了蜡染的工具和制作过程步骤。从网络上，我们了解到了蜡染所需要的材料及制作方法。

（1）材料准备学习：

①蜡块；②炉子；③铜笔；④白布；⑤加热器；⑥熔蜡锅；⑦铅笔；⑧染料。

（2）制作过程学习：

①用铅笔在白布上起稿。

②将蜡烛溶液盛入铜笔刀，用布擦拭清洁，以确保蜡液顺畅流出。

③用铜笔在已画好的布面上描绘。

④在描绘好的地方，可以随心所欲地填上不同的颜色。

⑤上色时必须由浅到深，上好色后，用吹风机吹干以便为背景上色。

⑥再次准备蜡液用大毛刷浸透蜡液，横扫画面，将蜡面揉皱，产生裂痕效果。

⑦按照画面的构造，把蜡面打碎做出裂痕。

⑧再添加些许颜料，让颜色由裂缝中流进画面里上色。

2. 蜡染材料的准备过程

（1）材料收集分工如下：

文双迪	负责布料的采集，包括白色纯棉布、白色的旧衣物等
曾萧迪、吴晓悦	负责蜡、蜡刀、电磁炉、纸板、水盆等制作工具的采集
冯雨菏	负责靛蓝染料的采集
何悦	负责蜡染图案的搜集和汇总，并对材料采集的过程进行文字、图片、视频等方式的记录

（2）搜集的材料清单

①蜡块；②不锈钢盆子和塑料盆；③铜笔；④白布；⑤电磁炉；⑥打火机；⑦铅笔；⑧染料。

3. 蜡染过程学习和材料准备小结

在网络学习后，我们开始准备材料，但是由于原材料具有一定的专业性，由于条件限制，我们在准备过程中无法准备到与之相同的材料，于此我们明白了，其实对于思考应该是全面性的，而不是总报以单一的思考态度，更应该在原有思考上加以创新，所以在准备蜡染染料的时候，我们没有选择传统的植物染料，而是选择了我们更容易准备的化学染料。

通过网络学习我们大致熟络了蜡染制作过程，也准备了研究所需材料，于是我们在组内进行了分工，并在 11 月中旬开展了对蜡染的探索研究。

（二）研究具体实施过程

本阶段是研究具体实施阶段。我们将从 2 个方面来阐述：蜡染实施和对其方法的改进，以及创新后大幅蜡染的制作过程。

蜡染实施过程

1. 时间：2020 年 11 月中旬

2. 地点：何悦同学家里

3. 蜡染的实施过程

（1）蜡染实施过程中的人员分工

何悦	在布料上进行绘画打样
吴晓悦	负责熔蜡和控制蜡的温度
文双迪、曾萧迪	对打好样的布料进行上蜡；染料水的配制并对过程通过图片、视频等方式记录
冯雨菡	对上好蜡的布料进行染色。

（2）蜡染材料集合（图 2-2-31）

（3）蜡染制作过程

①布料打底绘画

将事先准备好的白布画出自己想要的图案。在画的时候注意线条的分布，线条过于密集，不易于上蜡，且在画时要注意所画图案的大小比例，要与白布适合，之后用铅笔或圆珠笔描绘出与白布大小适合的图案。

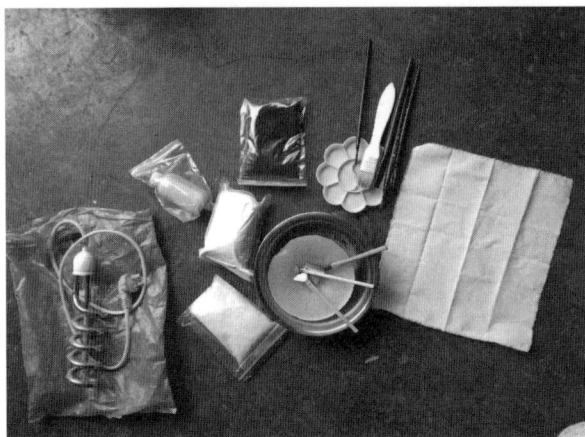

图 2-2-31　蜡染制作所需工具

①蜡块
②不锈钢盆子和塑料盆
③铜笔　　④白布
⑤电磁炉　⑥打火机
⑦铅笔　　⑧染料

②蜡液加热（图2-2-32）

选材上，蜡可以选择蜂蜡或者混合蜡，普通蜡烛不适合制作蜡染，因为其蜡容易破裂。首先，将蜂蜡装入不锈钢盆中后，将不锈钢盆放在电磁炉上，让蜂蜡熔化；其次，将蜡加热到合适的温度，并保持蜡液的温度在80℃左右；最后，将蜡刀放进蜡中，把蜡刀烫热。这是让蜡液能更好地渗透到布料中。将蜡加热到冒出白色的气泡，说明蜡刀的温度已经合适使用了。

③花纹上蜡（图2-2-33）、（图2-2-34）

将勾画好的白布放在纸板上进行上蜡，让蜡透过白布浸到纸板上。在使用蜡刀的过程中，先把蜡刀沿着容器边缘滴几滴蜡，试一试蜡的温度是否合适，如果合适就将蜡刀上多余的蜡滴出。因为太多的蜡，容易导致蜡液渗透到图案边缘，影响美观。同时，要

图 2-2-32

在灶台上，将固体蜡熔化成蜡液。在蜡液中，烫热蜡刀。烫热的蜡刀，能将蜡液更好地浸透白布，以避免在上蜡过程中，蜡液凝固速度快。

时刻注意蜡的温度保持在80℃左右。烧蜡过程中温度过高，蜡容易迸溅伤到他人；温度过低容易凝固，导致蜡在勾画过程中，不易渗透白布。在上蜡过程中，用蜡液勾画图案时，手一定不能乱，不能抖，心不能躁。勾画出的蜡液要分布

均匀，让蜡液浸透白布，这样有利于更好地后期染色。上蜡可以分为两种，一种为填涂，一种为勾线。填涂时注意留白，勾线时注意蜡刀上所蘸取蜡液的量，注意线条的分布，不要在上蜡的过程中让蜡液将线条混合。

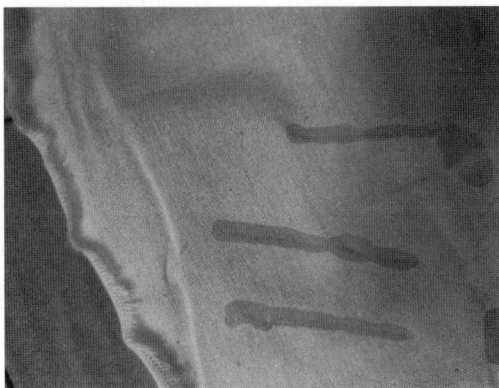

图 2-2-33
将蜡液放在电磁炉上，保持蜡液的温度在 80℃左右，就能用蜡刀上蜡。图中所示的蜡液，均匀且渗透了布料。

图 2-2-34
填涂上蜡

④染料配置（图 2-2-35）、（图 2-2-36）
我们在网上购买了靛蓝粉，将染料和水，进行一定比例的配置后，得到了蜡染染料。

图 2-2-35
填涂＋勾线相结合的上蜡方式

图 2-2-36
对靛蓝粉按照一定比例配置，得到染料

⑤布料染色（图2-2-37）

图2-2-37

对上好蜡的布料，进行浸泡染色。浸泡2~3天。浸泡过程中，要轻轻翻动，以便于上色更加均匀。

把上完蜡液的白布，先用温水或冷水打湿。这样有利于染料更好地浸透。如果用热水打湿上好的蜡，容易被熔化。将刚打湿的白布展开，放入已经配好的染料中，用一根小棍子让白布往下沉。布料下沉时，注意控制好手的力度，因为力度过大，会使白布上的蜡裂开。将布料在染料盆中，浸泡2~3天，就可以取出布料，然后进行晾干。在浸泡过程中，需要对布料进行轻轻地反复翻动，以使上色更均匀，同时，不能触碰到布料表面的蜡，以防蜡裂开。

⑥洗蜡

待布料晾干之后，将上好色的布料放入温水中进行洗涤。在洗涤过程中，对布料上的蜡进行反复缓慢揉搓，使白布上的蜡熔化，并全部掉落。再将洗涤好的布料进行晾干，就得到了一张蜡染布料。

⑦蜡染布料的加工美化

根据自己的想法和喜好，将蜡染布料进行进一步加工创作。我们小组将蜡染布料制成了荷包、钱包、玩偶、卡包、装饰画等手工艺品。（图2-2-38、图2-2-39）

图2-2-38 作品《抽象的男子》

图2-2-39 作品《软萌小熊》

本环节小结

在本次蜡染的探究过程中，我们了解和学习了蜡染传统手工艺独特的魅力。同时，也体会到蜡染制作过程中的不容易。在制作的过程中，我们考虑到，染完布料的水，会导致染料的浪费。我们就思考，如何将剩余的染料水再利用。

蜡染步骤的改进：山水画的创作

通过对传统蜡染手工艺的研究和探索后，我们小组对蜡染传统制作步骤的讨论。我们认为，传统的蜡染步骤，比较复杂，并且通过传统步骤所剩余的染料水也比较多，想要重复利用，基本上是不可能的事情。所以，我们决定在传统步骤的基础上，对其进行改进和通过向美术老师学习，用剩余的染料水和蜡液创作大小各异的山水画。

1. 详细步骤

（1）把准备好的所有材料放于一旁备用。

（2）拿出准备好的棉布和水盆，将水盆接满水，然后把白布放在水盆里反复揉搓洗掉白布平面的杂质和胶质，在水盆里将白布彻底浸透水分，然后两个人分别拿着白布的两头，将白布伸展开，像套被套一样用力扯荡掉多余的水分，在处理多余水分时不可以用手去揉捏白布，否则会导致白布出现褶皱从而不美观。

（3）在地面上平铺上快递透明胶布，然后把稍微有水分的白布平铺在上面，整理白布使它平坦，拿出准备好的铅笔在白布上勾画出山水的轮廓，颜色要稍微重一些，否则在泼蜡的时候线条会因为布料表面的残余水分而渗透淡化。

（4）布料处理好后便拿出染料和一个水盆，在水盆里盛入少量的水，然后把需要用的颜色染料取出适量倒入水盆里用毛笔搅拌使它染料和水分充分融合（还可以找到比较小的容器倒入不经过水稀释的染料以便勾画时有深浅变化）。

（5）染料调试好后就可以拿出准备好的蜡烛、打火机和烧杯，把烧杯放在地面上保持平衡稳当，每人拿一根蜡烛，把蜡烛点燃后相互合作，用一根蜡烛去烘烤另一根蜡烛，加快蜡烛的燃烧速度防止烧杯中的蜡烛凝固。

（6）把熔化好的蜡液顺着白布上的用铅笔画好的山水纹路泼洒，让蜡液在白布上流淌出山的线条，在泼蜡液的时候要迅速，否则蜡液会凝固就无法形成线条，泼蜡完成后就可以等待蜡液在白布上凝固。

（7）蜡液在白布上凝固之后，就可以拿出准备好的染料和毛笔，用毛笔蘸取稀释后的染料溶液，然后顺着蜡液勾出的线条向下晕染出山的轮廓，轮廓完成后就可以将凝固的蜡液块从白布上弄掉，在晕染过程中要注意深浅的变化，用稀释的染液晕染出轮廓后，就可以用未经过稀释的染料去加深局部做出深浅变化更具山水画的质感，画面勾画好之后就可以将它晾晒干，一幅山水画就完成了。

2.本环节研究过程中的改进和创新

改进：

①初次洗涤布料时，我们在处理多余水分过程中，是对其进行揉捏，在将布料展平后，布料表面始终有很多褶皱处理不平展，影响了布料的美观，在询问老师之后，我们改变了原有的处理多余水分方法，还是对其进行扯荡和甩干，这样的布料会比头一次平展很多，看起来也更加美观。

②首次用铅笔勾画白布的时候我们用力比较轻，所以到后面用蜡液勾画轮廓的时候，白布上面的铅笔线条已经随着白布上残留的水分渗透进白布里，导致我们无法看清楚白布上的线条，也无法进行蜡液勾画，后面我们又重新用铅笔勾画了线条用力和第一次相比要重很多，这才没出现上一次的失误。

创新：

在熔化蜡液的过程中，我们最开始是像老旧的那种熔蜡方式，就是点燃一根蜡烛然后等着它熔化，我们发现这样熔蜡，会导致先熔好的部分蜡液在杯中凝固。后来经过思考和创新我们改变了老方法，我们通过相互合作，用一根蜡烛去熔化另一根蜡烛的方法，这样不但加快了熔化速度，还解决了蜡液凝固的问题，再到后面蜡染作品制作过程中，我们还运用到了电磁炉、熔蜡锅，这样更方便熔化蜡液。

3.本次改进创新的好处

（1）泼蜡的线条更加自然，这样上手快，自主能力强，就算没有画画基础功底的人也很容易操作。

（2）蜡染的图案多样化，每一幅的特点都不同，所展示的美观效果也不同。

（3）蜡染具有很浓的民族艺术气息，这能很好地增强对一个人的审美和民族艺术认识。

（4）在操作实施研究过程中，不但锻炼了我们的动手能力，还考验了我们的合作能力和思维能力。

4. 本环节小结

在本环节研究实施中，所运用的蜡液泼洒勾画的方法，所展示出的线条和画面感更加自然，而且这种方法可以很好地解决无美术基础和功底的漏缺，因为通过蜡液勾画线条就不需要生手去勾画，而且用手勾画的线条无法做到蜡液泼画的自然，在蜡液基础上，我们只需要运用染液和染料去晕染画面，这就做到了所有人都可以尝试并且自己动手完成一幅美观的画。（图2-2-40）

图 2-2-40　3 米的蜡染山水画

八、本次研究学习的收获与总结

此次研究过程中，我们遇到了许多挑战和困难。

首先，在材料准备阶段，我们的思维总是停留在一种固有性上，导致某一些专业性较强的材料我们准备不全。在小组讨论并询问老师后，我们用化学染料替代了植物蜡染。这让我们明白了，在思考问题时，不能让思维总是单一，要学会换点思考，也增强了我们的团体互助能力。通过网络学习后，我们跟着传统蜡染步骤进行了研究。

其次，在蜡染作品完成之后，我们意识到蜡染剩余的染料过多会导致浪费，所以我们小组成员决定对传统蜡染步骤进行创新。我们改进了传统蜡染步骤，并决定用改进的方法，重新合作完成一幅蜡染作品。而蜡染布料制作完成后，我们也并没有满足于此，而是选择对完成的蜡染布料进行了加工和美化，我们将蜡染布料进行缝制，制成了荷包、卡包、钱包、玩偶及装饰画等艺术工艺品，使蜡染布料得到了充分美化利用，而非只是一张染色过的布料。

最后，对于这些困难我们都是报以感激的，因为正是这些困难的出现，才让我们得以去一起思考如何解决，这些经历不但锻炼了我们的动手能力，还锻炼了我们的创新能力，也使我们学会了面对困难不应该退缩而应迎难而上的精神。

九、思考与疑问

1. 如何将蜡染带到大众的视野中？

2. 如何更好地传承传统蜡染手工艺？

3. 如何更好地将蜡染布料运用到我们的生活中？

十、参考文献

［1］李常明.高中研究性学习教学参考书［M］.重庆：重庆出版社，2011:135.

［2］张莉，胡姣.图解国家级非物质文化遗产：四川珙县苗族蜡染［M］.
北京：中国纺织出版社，2020:150.

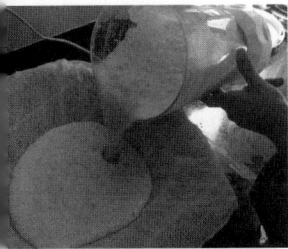

03 土特制作篇

渝黔交界山区土特总述

指导教师：杨朝铭

一、农村学生学习制作当地土特的作用和意义

中央提出实施乡村振兴战略，将"坚持农业农村优先发展"列为推进乡村振兴战略的基本原则之一，发展农村特色产业，促进农业提质增效。现在人们的生活越来越趋向于城市化，城市的很多产品都含有较多的人工合成化学物质，人们也开始担心自己的饮食是否健康，一些在城市住久的居民开始怀念农村的淳朴生活、想尝尝农村的特色本土味道。农村的天然产品符合人类自然、环保、清洁生产技术要求，是纯绿色产品，必将越来越受欢迎。要发展好农村经济，增加农民收入。必须依靠农村的资源，拓宽农民增收渠道，带动农村的经济发展，促进农民持续增收。

从小生活在山区农村的学生，是当地农村以后发展的最可靠希望，他们对本地产品特性比较熟悉，对本地的一些生产工具、工艺比较熟悉，学习和继承一些农特产品的制作，对以后发展农村经济，建设新农村，带领当地农村致富，具有得天独厚的优势。

二、渝黔交界的綦江南部山区的土特产品

渝黔交界的綦江南部山区处于四川盆地与云贵高原的过渡地段，是贵州大娄山的余脉分支，地势南高北低，西高东低。区内有紫色土、黄壤、石灰岩土、潮土，以及河谷中的熟化土壤水稻土等。该地具有典型的亚热带季风气候，冬暖，湿度较大、云多，植被茂密，森林覆盖率高，生物种类繁多，物产丰富。

本地区的农土特产品很多，主要有这么几类：①干货，干豇豆、干茄子、红薯干、萝卜干、干辣椒、南瓜藤干、干百合、野生菌、野生笋干等；②新鲜野菜，蕨菜、苦菜、荠菜、马兰头、马齿苋、香椿、地木耳、百合等；③腌菜，酸萝卜、酸辣椒、腌萝卜、咸菜、咸鱼、咸蛋、咸肉、腊肉、香肠、剁椒辣酱、霉豆腐、豆豉等；④家畜，土鸡、土鸭、土猪、土鸡蛋等；⑤粮油，野生山茶油、花生油、菜油、黄豆油、猪油、糍粑、米酒、甜酒、红薯粉、土豆粉、糯米粉、蕨根粉、葛根粉、藕粉等；⑥五谷杂粮，稻米、糯米、花生、玉米、黄豆、黑豆、红豆、绿豆等。

其中，有些产品具有本地的独特风味和做法，如果能加以规范打造推广，极有可能成为知名特产，为本地的经济发展提供助力。

三、学生参与的土特制作

由于学生的身体条件、学习时段的时间限制、家庭所处的环境条件等因素，学生不可能参与所有的土特制作，只能选择条件恰当的土特产品制作。比如：霉豆腐的制作探究、葛根粉的制作探究、米酒的制作探究、剁椒辣酱的制作探究等，总花费的时间不多，又可以定期观察记录，让学生在课堂学习之余，顺利完成土特产品的制作。

蕨根粉的制作及用途探究

指导教师：刘宗才

一、课题研究意义

开展研究性学习活动，让我们的课外生活更加有意义。可以提高我们运用所学知识和技能解决实际问题的能力，收集信息自主决策自主探究能力，动手能力，培养创新思维意识、自主学习的兴趣。

二、课题研究缘由

研究动因：在一次偶然的机会我们吃到了一种可口的粉，经询问后，得知该粉是由蕨根粉制作而成，便引起我们的好奇心：蕨根粉是如何制成的？除了能制作成粉条以外还能有哪些用途？于是我们便开始了这次的探究之旅。

三、研究内容和方法

（一）研究内容：

1. 蕨根粉的用途

2. 蕨根粉的制作过程

（二）研究方法：①文献法；②实验法。

四、可行性分析

1. 原料来源：我校周边农村到处都有蕨根生长，原料易采集，这为我们的原料提供了很好的保障。

2. 制作需要的工具在生活中极易找到。

3. 身边有制作蕨根粉经验的长辈和朋友。

4. 有老师的指导和同学的团结协作，也是我们实验成功的基本保障。

五、小组成员及分工

（一）团队成员（见表1）

表1　团队成员

组长	组员
刘健	张云巧、宋青娅、吴婷、王张梅、袁银海

（二）团队分工（见表2）

表2　团队分工

负责事项	相关人员
查找资料，制订方案	王张梅、宋青娅、吴婷
实验准备	刘健、宋青娅
实验操作	刘健、张云巧、袁银海、王张梅
现象记录	吴婷
汇总资料，书写报告	刘健、张云巧
全程照相	袁银海

六、实施计划（见表3）

表3　计划安排

时间	内容
2017年10月18日—19日	查找资料，制订研究方案
2017年11月10日—11日	准备原料和器材等
2017年11月11日—20日	实验制作
2017年11月27日—29日	整理资料、制作研究报告
2018年1月14日—16日	制作展示PPT

七、具体研究过程

研究一：蕨根粉的用途

研究方法：通过上网等方式查找资料。

在网上查找资料，我们得知：蕨菜（Pteridium aquilinum vaatiusculum）也叫

拳头菜，俗称"山野菜"，是一种野生蕨类植物蕨的嫩芽，部分种类可食用。喜生于浅山区向阳地块，多分布于稀疏针阔混交林；其食用部分是未展开的幼嫩叶芽，经处理的蕨菜口感清香滑润，再拌以佐料，清凉爽口，是难得的上乘酒菜，还可以炒吃，加工成干菜，做馅、腌渍成罐头等。在中国大陆以及东南亚有广泛分布，而在这些地区餐桌上也受到了欢迎。其根含淀粉，可制作成蕨粉，其用途有：

1. 食用

蕨粉为蕨类植物蕨的根茎中所含的淀粉经加工而得。《本草纲目》载："其根紫色，皮内有白粉，捣烂，再三洗澄，取粉作粗粝，荡皮作线食之，色淡紫而甚滑美也。"《广州植物志》亦载："蕨，根茎含淀粉称蕨粉，制取之可供食用及糊料。"蕨粉可制粉条、粉皮，配制糕饼点心，亦能代替豆粉、藕粉，营养价值十分丰富。福建省明溪县的传统风味小吃"客秋色"，就是以蕨粉为主料制成的，吃起来细腻柔滑，别有一番风味。蕨粉也是灾荒之年一种良好的救荒食品，正如明代诗人黄裳在《采蕨》诗中所言："皇天养民山有蕨，蕨根有粉民争掘。朝掘暮掘山欲崩，救死岂知筋力竭。明朝重担向溪浒，濯彼清泠去泥土。夫舂妇滤呼儿炊，饥腹虽充不胜苦。"

2. 药用

驱风湿，利尿，解热。治脱肛，又可驱虫。解热，利尿，益气，养阴。治高热神昏，五脏虚损，气滞经络，筋骨疼痛。治黄疸，疗痈肿风痛，目痛，治咽喉热证，伤寒温病。

研究二：蕨根粉的制作过程探究

（一）第一次尝试

1. 采挖原材料——蕨根。（图2-3-1）

2. 将挖掘好的蕨根洗干净并粗略的将其打碎。（图2-3-2）

3. 加水搅拌，过滤（图2-3-3），静置后将上层清液倒去，将沉积物晾晒。

4. 制作成果：得到含有较多黑色杂质的干蕨根粉（图2-3-4）。

图2-3-1 采挖的蕨根

5. 效果不佳原因分析：

图 2-3-2
蕨根洗干净并打碎

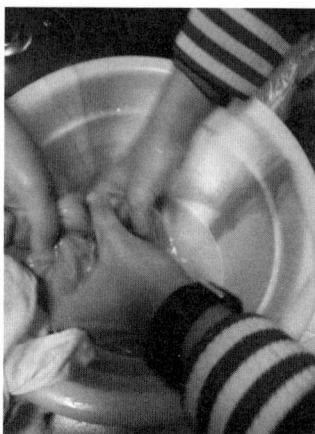

图 2-3-3
过滤

图 2-3-4
有较多黑色杂质的干蕨根粉

（1）因为这是我们第一次尝试，所以经验不足。

（2）准备的器材过于简陋，用石头进行操作导致蕨根碾碎不充分，从而得到的原浆少。

（3）用准备的纱布孔太粗，过滤后滤液里滤渣过多。

（二）第二次尝试

根据第一次的制作经验，我们进行了以下制作的改进：

1. 将清洗好的蕨根采用机器来打碎。

2. 将打好的蕨根浆采用滤孔较小的滤布进行过滤。

3. 将滤液静置沉淀（图 2-3-5）。

图 2-3-5　将滤液静置沉淀

图 2-3-6　晾晒得较纯的粉

4. 静置后将上层清液倒去，将沉积物晾晒得较纯的粉（图 2-3-6）。

（三）蕨粉制作探究经验总结

1. 蕨根洗净后打浆打得越细越好。

2. 过滤时滤布滤孔尽量选较小的。

八、成果总结

1. 实验探究成果总结

（1）蕨根粉的制作过程并不复杂，将新鲜蕨根清洗后打细成浆、过滤、静置沉淀及晾晒干即可，制作出的粉的质量关键在于：蕨根洗净后打浆打得越细越好；过滤时滤布滤孔尽量选较小的。

（2）蕨根粉用途广，既可以食用还可入药。

2. 学习心得小结

（1）这次研究性学习，从团队建立，到计划的实施，都极大地提高了我们的整体规划能力和团队协作能力。

（2）在制作过程中，让我们的动手动脑能力得到了提高，学会了蕨根粉的制作，这对我们制作其他的植物粉（如葛粉、红苕粉）积累了经验。

（3）这次活动让我们对实验对象——蕨根有了更全面的认识。

（4）用生活中易找到的材料来进行的实验简单易做、方便快捷，吸引我们以后多动手做家庭实验。

九、展望

利用蕨根制作蕨根粉，原料来源广，比较绿色，用途多。如果我们能够大量制作，可以发展成地区的特色经济产品，成为本地区实现乡村振兴的一条道路。

豆花的制作

指导教师：刘宗才

一、研究意义

在学习了化学的分散系知识之后，我们了解到常喝的豆浆实质是一种胶体，向胶体中加入电解质能形成沉淀，豆花就是这样制成的。探究豆花的制作，能加深我们对理论知识的理解，提高我们的探究能力，还可激发我们学习化学的热情，丰富我们的课外生活。

二、研究缘由

（一）知识的背景

胶体中胶体粒子常带电性。向胶体中加入少量电解质溶液时，由于加入的阳离子（或阴离子）中和了胶体粒子所带的电荷，使胶体粒子聚集成为较大的颗粒，从而形成沉淀从分散剂里析出，这个过程叫作聚沉。

（二）研究的动因

豆花的营养丰富、价格低廉，一直是各大城市"菜篮子"工程的主角。其原料大豆中含有极丰富的蛋白质，是植物中唯一能与动物蛋白质相媲美的食物。在学习了化学必修一分散系的知识之后，我们了解到常喝的豆浆实质是一种胶体，向胶体中加入电解质，能使胶体粒子聚沉从而形成沉淀。生活中的豆腐、豆花就是用这种原理，在豆浆中加盐卤（旦巴）或石膏使豆浆凝聚制成的，那么还有什么方式也能使豆浆凝聚呢？这让我们产生了极大的兴趣，所以我们决定开展此次研究性学习活动，将所学知识应用于生活，探究豆花的制作。

三、研究内容及方法

（一）研究内容

1. 探究豆花的基本制作方法

2. 探究加水和盐卤的量对豆浆凝固的影响

3. 探究生活中的其他物质能否使豆浆凝固

（二）研究方法

①文献法；②实验法。

四、可行性分析

1. 理论依据：豆类食物中含丰富的蛋白质。通过所学知识我们知道：将豆浆这种胶体中加入电解质（酸、碱、盐）溶液，会使蛋白质发生凝固，从而形成豆花或豆腐。生活中的能做电解质的有：醋、洗衣粉溶液、盐卤、肥皂水等。[1]

2. 实验用品来源：所需实验用品大豆、盐卤、白醋、肥皂水、洗衣粉水易购买，实验室提供能温度计、烧杯等用品。

3. 有制作豆花经验的家长的指导和同学的团结协作，也是实验成功的保障。

五、小组成员及分工

分工及时间安排

时间	分工项目	人员
17 年 11 月 1 日—13 日	收集整理资料	李兴弟、雷祥婷、张红
17 年 12 月 1 日—18 日	记录实验过程并实施	张元凤、张红、李兴弟、万招玥、雷祥婷
17 年 12 月 27 日—1 月 14 日	制作报告和 PPT	万招玥、张元凤
18 年 4 月 10 日—15 日	汇报	雷祥婷、李兴弟、张　红

六、实施过程

（一）查找资料，制订实验方案

1. 豆浆的凝固原理：

利用大豆蛋白质的水溶性、热变性、盐类对豆浆的凝固作用，是加工制作豆制品的理论基础。豆浆中的蛋白质溶质带有相同电荷，互相排斥扩散，向蛋白质溶液中加入某些浓的电解质溶液后，可以使蛋白质凝聚而从溶液中析出。[2]

2.准备实验材料：

黄豆、滤布、盐卤、白醋、洗衣粉水、豆浆机、温度计、量筒、肥皂水

3.经向有制作豆花经验的家长请教后，得知豆花的制作步骤：

（1）将黄豆前一天晚上泡在水中吸收水分，直到颗粒饱满。

（2）泡好的黄豆用搅拌机打成原浆，黄豆与水的比例为 1：4。

（3）将原浆倒入铺有滤布的容器中进行过滤，使劲儿挤出豆浆，舍弃豆渣。

（4）用筛子将浮沫去净。

（5）用火将豆浆烧开，使它沸腾三次。

（6）转小火，用大勺舀少量盐卤慢慢放入锅中，边放边转圈搅动，至豆浆变成小白浮花时，即停止放盐卤，锅中豆浆自会慢慢成团。

（7）最后用筲箕将豆花团压拢然后烧开即可。

4.制订初步的研究方案。

（二）进行实验探究

探究一：学习制作豆花的基本过程

1.将泡好的黄豆用搅拌机打成原浆（图2-3-7）。

2.将原浆倒入铺有滤布的容器中进行过滤得生豆浆（图2-3-8）。

图2-3-7 黄豆用搅拌机打成原浆　　图2-3-8 过滤得生豆浆

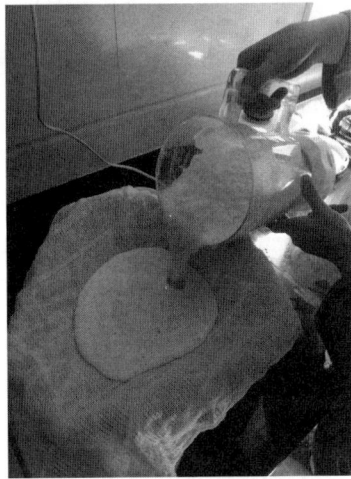

3. 用火将生豆浆烧开，将浮沫去净后，用大勺舀少量盐卤慢慢放入锅中，

边放边转圈搅动进行"点浆"（图2-3-9）。

4.待锅中豆浆慢慢成团后，将豆花团压拢，然后烧开即得豆花（图2-3-10）。

探究一成果：我们基本学会了制作豆花的方法。

图2-3-9 点浆   图2-3-10 制得的豆花

探究二：探究加水和盐卤的量对豆浆凝固的影响

探究过程步骤如下：

1.泡黄豆（4小时）。

2.将泡好的黄豆打成原浆（黄豆和水比例：1∶4），煮沸后滤去豆渣。

3.将得到的豆浆原浆分为四份：①原浆；②加入250ml水稀释；③原浆；④加入250ml水稀释。

4.将四份豆浆分别加热后滤去浮渣。

5.点卤：①加入2ml卤水；②加入2ml卤水；③加入3ml卤水；④加入3ml卤水。

6.观察现象：

（1）豆浆一，原浆250ml，盐卤2ml，85℃点卤，豆花基本成形，但效果欠佳；

（2）豆浆二，原浆250ml，再加水250ml，盐卤2ml，85℃点卤，豆花成形，大致成团状；

（3）豆浆三，原浆250ml，盐卤3ml，85℃时豆花成形，豆花成形效果欠佳；

（4）豆浆四，原浆250ml，水250ml，盐卤3ml，85℃点卤，豆花成形，成大碎块状；

探究二实验结论：由（1）和（2）对比得出：豆浆稍微稀一点，制作的豆花易成团；

由（1）（3），（2）（4）的对比得出：盐卤多一些，制作的豆花易成团。

探究三：探究生活中其他物质对豆浆凝固的影响

1. 研究过程步骤：

①制作原浆；②将原浆煮沸；③过滤原浆；④将所得豆浆分成二等份，分别烧开，加入醋、洗衣粉水和肥皂水混合液；

2. 现象：

（1）加热豆浆至沸腾，转入小火加入白醋，豆浆凝成豆花，但白醋加入过多使豆花有股酸味。

（2）加热豆浆至沸腾，转小火加入洗衣粉水，豆浆未凝成豆花，再加入肥皂水，豆浆仍未凝成豆花。

探究三实验结论：醋可以使豆花成形；洗衣粉 – 肥皂混合液不可以使豆花成形。

七、研究成果总结

实验探究成果总结：

1. 水和豆子比例大致为 1：4，过量的水会使豆浆过稀，无法形成豆花。豆浆和卤水的比例大致为 125：1，盐卤过量会使豆花有苦涩味。

2. 酸：醋可以使豆花成形；洗衣粉 – 肥皂混合液不可以使豆花成形。

八、学习心得总结

1. 这次研究性学习，我们通过亲自动手实验，深入了解并掌握了豆花凝固的原理，学会了正确制作豆花方法。

2. 在实验中，培养了我们的动手动脑能力，使我们学会了把学到的知识运用到实践上，学会了自己想办法解决困难，为我们以后更好地适应社会打下了基础。

3. 通过此次研究性学习活动，不但知道了如何运用所学知识，还会很自然地在已经学过的知识之间建立一定的联系，而且为了解决问题，我们还会主动地去学习新的知识。

4. 在实验过程中，我们齐心协力地完成实验，这极大地增强了我们的团队合作意识。

九、展望未来

1.制作豆花的过程简单，原料来源广，且它是一种绿色健康的食物，对人体健康有益，如果将这种制作过程学习并传承下去，将会对全社会乃至全人类有极大的价值。

2.用生活中易找到的材料来进行的实验简单易做、方便快捷，吸引我们以后多动手做家庭实验。

3.运用这种原理，我们可以制作更多风味的豆花，如：菜豆花、黑豆花、酸豆花等。

十、参考文献

[1] 宋心琦.普通高中课程标准实验教科书 化学必修1[M].北京：人民教育
出版社，2004:23-25.

[2] 汉竹.健康爱家系列：在家做豆腐豆浆豆花[M].南京：江苏科学技术出
版社，2013:75-79.

米酒的制作

指导教师：张灵力

一、研究背景

酒酿又名米酒、甜酒或醪糟，其中含糖、有机酸、维生素 B_1、维生素 B_2 等，可益气、生津、活血、散结、消肿，又因其气味芳香、味道甜美颇受人们的喜爱。其实酒酿的制作在我国由来已久，其利用的技术就是我国古代的一大发明——酒曲发酵技术，从生物学角度来说，就是利用了细胞呼吸的原理。现在市面上有多种牌子的酒酿出售，但许多家庭，尤其是农村，几乎每家每户都能自制酒酿，而且质好味美。

二、课题研究意义

在学习了研究性学习有关内容后，我们选择这样的课题，目的是将课堂上所学到的转化为实践中，只说不练假把式，因此我们选择这样的课题，一是为了培养自己的实践能力、动手能力；二是虽然米酒的制作是我国古代的一大发明，但作为中学生的我们，如果能够通过这次研究性学习，制作出口感香甜的米酒，也算是一种文化传承！

三、可行性分析

1.米酒的制作技术是比较成熟的技术，对制作香甜的米酒奠定了理论和技术基础。

2.制作米酒的原材料，可从市场中购买，为制作米酒提供良好的物质基础。

3.良好的团队协作，是我们这次研究性学习的基石。

四、研究方法

①文献法；②实验法等。

五、小组成员及分工

1. 团队成员（见表 1）

表 1　团队成员

组长	组员
王善义	李尚梅、黄露、冯镪仪、廖洁玉、穆炜燕、高雨欣

2. 团队分工（见表 2）

表 2　团队分工

负责事项	相关人员
查找资料，电脑设计，制订计划	王善义、李尚梅、黄露、冯镪仪
购买实验用品	王善义、冯镪仪
实验操作	王善义、李尚梅、廖洁玉、穆炜燕、高雨欣
现象记录	黄露、冯镪仪、廖洁玉
资料汇总，形成报告	王善义、李尚梅、穆炜燕
照相	高雨欣、黄露
展示人员	王善义、李尚梅、廖洁玉、穆炜燕

六、实施计划（见表 3）

表 3　计划安排

时间	内容
2018 年 3 月 12 日—20 日	查找资料，制订实验方案
2018 年 3 月 25 日—30 日	购买糯米、酒曲等实验用品
2018 年 4 月 8 日—10 日	做实验
2018 年 4 月 11 日—18 日	整理数据撰写研究报告
2018 年 4 月 19 日—21 日	制作 PPT 准备展示

七、具体实施过程

1. 查找资料，制订实验方案

由王善义、冯镟仪等同学在网上查找资料，我们知道了米酒的制作原理，以及制作过程中所需要的用品和用具，落实制定购买相应的用品和做实验的时间和相应的实验方案。

2. 准备实验器材和用品

我们在超市购买了糯米、酒曲、保鲜膜和密封罐等用品。（图2-3-11）是购买用品时的照片。

图2-3-11 购买实验用品

（a：买酒曲；b：买糯米；c：买密封罐）

3. 实验过程

3.1 实验目的

制备出香甜可口的米酒

3.2 实验原理

糯米的主要成分是淀粉[1]，尤其以支链淀粉为主。酒曲呈白色，主要有效成分是两类真菌——根霉菌和酵母菌。将糯米与酒曲混合均匀后，首先根霉和酵母开始繁殖，并分泌淀粉酶，将淀粉水解成为葡萄糖，醪糟的甜味即由此得来。醪糟表面的白醭就是根霉的菌丝。葡萄糖在无氧条件下在酵母菌细胞内发生酒精发酵代谢，将葡萄糖分解成为酒精和二氧化碳[2][3]：$C_6H_{12}O_6 \rightarrow 2C_2H_5OH + 2CO_2$

然而在有氧条件下，葡萄糖也可被完全氧化成二氧化碳和水，提供较多能量：

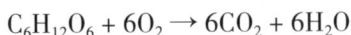

$$C_6H_{12}O_6 + 6O_2 \rightarrow 6CO_2 + 6H_2O$$

已经生成的酒精也可被氧化成为醋酸：

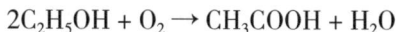

$$2C_2H_5OH + O_2 \rightarrow CH_3COOH + H_2O$$

因此在发酵过程开始时，可以保留少量空气，以便使食用真菌利用有氧呼吸提供的大量能量快速繁殖，加快发酵速度。然而在真菌增殖后，就应该防止更多氧气进入，以致葡萄糖不被白白氧化成二氧化碳或者醪糟变酸。

3.3 实验材料及用具（见表 4）

表 4　实验用品

材料名称	购买地点	规格	生产厂家
糯米	新兴购超市（兴隆湾店）	一袋 50kg	黑龙江哈尔滨市五常
酒曲	新兴购超市（兴隆湾店）	8g/ 袋	湖北省宜昌市
塑料	新兴购超市（兴隆湾店）	500ml	重庆市渝北区
密封罐	新兴购超市（兴隆湾店）	600ml	重庆市渝北区

4. 实验内容及步骤

4.1 浸泡

将糯米洗净，后滤水，装入盆中，用烧好的沸水浸泡 12 小时到 16 小时，观察现象并记录。实验过程（图 2-3-12），实验记录表见表 5。

图 2-3-12　浸泡过程
（a：淘米；b：烧沸水；c：浸泡）

表 5　浸泡不同时间糯米的现象

浸泡时间（h）	10	12	14	16
现象纪录	逐渐变透明少量白心现象，较硬	少许白心现象，少许变软	米粒变透明，大量变软	米粒完全变透明，用手即可捻碎

浸泡的目的是让糯米中的淀粉分子链由于水化作用而展开，便于常压短时间蒸煮后能糊化透彻，不致使饭粒中心出现白心现象。根据实验现象，我们采用的是浸泡14小时的糯米。

4.2 蒸饭

在蒸锅里放上水，蒸屉上垫一层白布，烧水沸腾至有蒸汽。将沥干的糯米放在布上蒸熟，约一小时。将蒸好的糯米倒入笆箕中，然后用冷水冲，让米快速冷却。实验过程（图2-3-13）。

图2-3-13　蒸米和冷却米
（a：蒸米；b：冷却米）

4.3 糯米与酒曲混合

将冷却好的米，用筷子搅散，放入盆中把酒曲与水混合然后均匀地撒在糯米上，然后用手翻动糯米，使两者尽量混均匀。混合时的温度的酒曲的用量见表6混合过程（图2-3-14）。

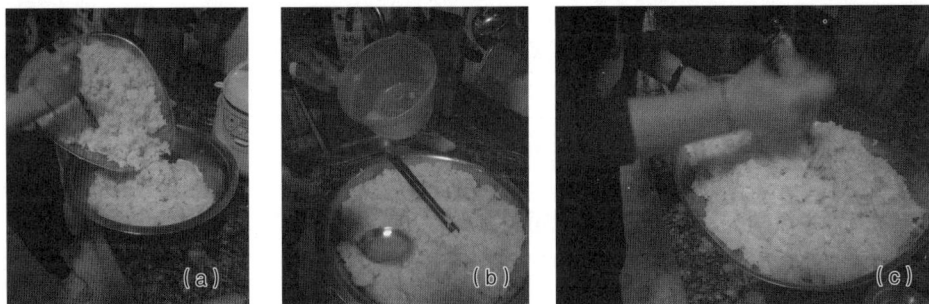

图2-3-14　糯米与酒曲混合
（a：分散米；b：酒曲与米混合；c：搅拌混匀）

表 6　糯米与酒曲质量比例

混合时的温度℃	糯米的质量	酒曲的质量
17	2.5 千克	24 克

4.4 发酵

拌匀后，边放边用手掌轻轻压实，然后用保鲜膜密封。将密封好的盆子放在被子中进行发酵，温度约30℃中培养24小时到72小时，进行观察。观察现象记录如表7。

表 7　发酵观察记录表

培养时间	现象纪录
24 小时（1 天）	白色，有淡淡的酒香味，酒味较淡
48 小时（2 天）	白色，有水，酒香味变浓，酒味也变浓
72 小时（3 天）	白色，水分变多，酒香味更加浓烈，浓烈的酒味

经过观察，在被子中发酵 1 天后，温度约为 27℃，糯米由淡淡的酒味，略微由点甜，发酵 2 天和 3 天后，酒味越来越浓，甜度也有所增加。发酵 3 天的口感比一天两天的要好。（图 2-3-15）

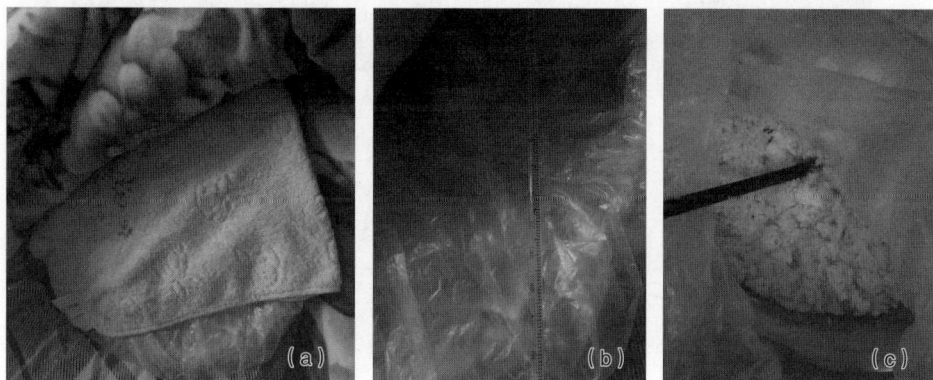

图 2-3-15　发酵过程
（a：放入被子中；b：测量温度；c：发酵 1 天后）

5. 实验结果及讨论

在将 2.5kg 的糯米洗净，浸泡 14 小时，过滤，蒸煮 1 小时，然后冷却与酒曲均匀混合在被子中发酵 3 天之后我们得到了白色，浓烈，具有甜味的米酒。

6. 成果分享

由于我们制作的米酒是可以食用的，因此我们课题小组，将制作的米酒装入购买的密封罐中，拿给老师和同学们品尝，并得到了一致的好评。以下是他们品尝的照片。（图 2-3-16）

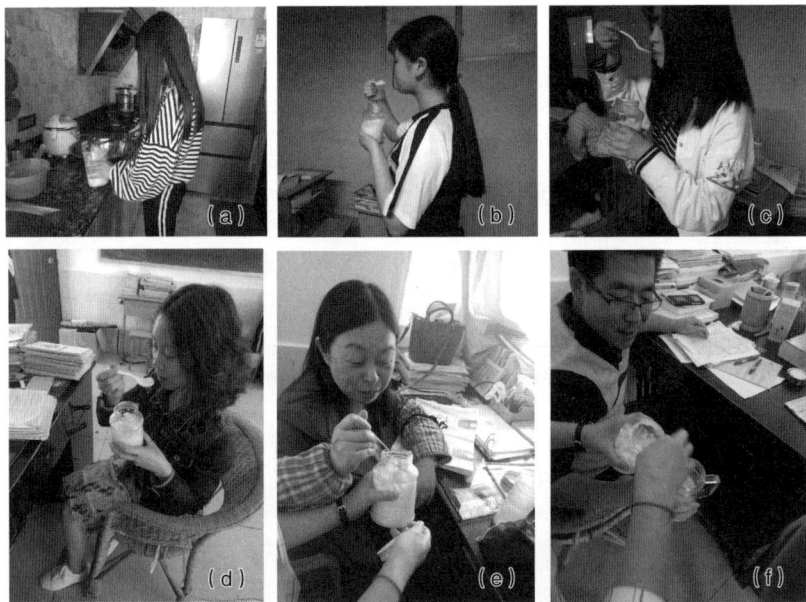

图 2-3-16　装罐和品尝
（a：装罐；b、c：同学品尝；d、e、f：老师品尝）

八、总结

通过本次研究性学习小结，我们充分认识到了以下几点：

1. 研究性学习，让我们从课堂走进课外，理论和实践相结合，极大地锻炼我们的实践能力、动手能力、合作学习能力等。

2. 本次研究性学习制作的米酒工艺，是我们中华民族优秀的传统技艺和传统文化之一，作为高中生的我们，通过本次研究性学习，深刻体会到了我们民族的伟大，我们身为中国人而自豪！

九、展望

我们国家的传统技艺和文化还很多，我们希望更多的同学老师们参与其中，做传统文化的传播者，让我们的传统技艺和文化，走进千家万户！

十、参考文献

［1］宋心琦．普通高中课程标准实验教科书化学必修 2[M]．人民教育出版社,2007.

［2］宋心琦．普通高中课程标准实验教科书化学选修 5 有机化学 [M]．人民教育出版社,2007.

［3］刘植义．普通高中课程标准实验教科书生物必修 1 分子与细胞 [M]．北京师范大学出版社，2014.

04 科技制作篇

综合实践科技活动

指导教师　王泽安

一、指导思想

通过开展丰富多彩的科技创新活动，激发全校学生参与科技创新活动的浓厚兴趣，展示他们的综合实践能力，培养他们的创新精神和科学素养，在全校学生中普遍形成爱科学、学科学、讲科学、用科学的良好风气，促进科技教育的深入开展，整体提升素质教育。特在打通中学首届体育文化艺术节期间，开展综合实践科技活动。

二、时间：2021 年 10 月 27 日下午 2：30—28 日下午 4：30

三、地点：学校男生宿舍外的文化墙前面的小操场

四、主办单位：重庆市綦江区打通中学

承办：重庆市綦江区打通中学综合实践组、通用技术组。

五、项目负责人：王泽安

项目参与人：成思红、冉儒章、向前团

项目实施：高 2023 级 2 班

六、项目分组

活动项目分为8个组：桥梁搭建组、棋类擂台组、连环解锁组、飞行试验组、工艺蜡烛组、石膏模型组、榫卯结构组、巧叠书塔组。

七、活动规则

1. 活动欢迎全校师生积极参与，皆凭游园票排队参与。

2. 一张游园票只参加一项活动，若想要参加另外项目的活动，则另外持票重新排队。

3. 游园票提前发到高初中各班，拟各班预发20张游园票。

八、活动细则及场景展示

1. 桥梁搭建组

活动内容：两人合力搭建3分钟以内自承式桥梁一座，桥梁能稳定下来，上面放一本书不垮塌，就算成功。（图2-4-1）

注意事项：

（1）两人合作有三次机会，成功一次即可。

（2）搭建四层及以上，书放上去不垮塌算成功，可获签字笔2支。

图2-4-1　自承式桥梁搭建有趣

2. 棋类擂台组

活动内容：活动分为五子棋、象棋、围棋小组，选手以攻擂方式，擂主发起挑战。（图2-4-2）

注意事项：

（1）凡挑战取胜者，获签字笔1支。

（2）象棋还有趣味残局组，凡破得残局者，获签字笔1支。残局获解后，为避嫌，该班其他选手不再参与该残局的破解。

（3）五子棋由挑战者上场与擂主比赛，赢得比赛就获奖签字笔1支。

（4）围棋由王泽安老师为擂主，在13路棋盘让6子赢得比赛，就获奖。

图 2-4-2　棋类擂台攻擂正酣

图 2-4-3　连环解锁难住了不少学生

图 2-4-4　飞行试验要讲究科学才飞得远

3. 连环解锁组

活动内容：选手参加不同类型的连环解锁，解锁成功后必须恢复原状，才算完成。（图 2-4-3）

注意事项：

（1）选手可以选择不同难度的连环进行解锁。

（2）低难度 3 分钟成功解锁 3 个并复原才算成功，获签字笔 1 支。中等难度 3 分钟成功解锁 1 个并复原就算成功，获签字笔 1 支。高难度 10 钟成功解锁 1 个并复原就算成功，获签字笔 1 支。

4. 飞行试验组

活动内容：用纸飞机、V 字形回旋镖、三叶形回旋镖进行飞行试验，达到一定的标准为获胜。（图 2-4-4）

注意事项：

（1）用不大于 A4 纸尺寸的纸张现场折纸飞机，现场试飞 3 次，飞行距离达到或超过 10 米者（离试飞点直线距离）为成功，获签字笔 1 支，飞行距离达到 20 米者（离试飞点直线距离），获奖签字笔 2 支。用活动组提供的 A4 纸，也可用自己准备的经活动组检查合符规格的纸。

（2）V 字形回旋镖、三叶形回旋镖参赛一轮有 3 次机会（每次开始掷出距离至少 5 米以上），3 次只要有一次能飞回原处（离掷出点 2 米以内都认定为飞回原处），就认定为成功，获奖签字笔 1 支。

5. 工艺蜡烛组

活动内容：用活动组提供的蜡烛粉、模具及其他材料在活动小组成员的指导下制作工艺蜡烛。（图2-4-5）

注意事项：

（1）在活动组提供的模具中选择你喜欢的一个模具进行制作；

（2）制作好的工艺蜡烛，可以作为纪念带走也可以留作学校展出。

6.石膏模型组

活动内容：用活动组提供的石膏粉、模具及其他材料在活动小组成员的指导下制作工艺蜡烛。（图2-4-6）

图2-4-5 学生的工艺蜡烛作品展示

注意事项：

（1）在活动组提供的模具中选择你喜欢的一个模具进行制作；

（2）制作好的石膏模型，可以作为纪念带走也可以留作学校展出。

7.榫卯结构组：（图2-4-7）

活动内容：选手参与不同类型的榫卯结构拆解和还原，拆解后必须还原，才算完成。

图2-4-6 石膏模型着色前

注意事项：

（1）参与选手，可以选择不同难度的榫卯结构拆解和还原。

（2）低难度3分钟成功拆解和还原1个就算成功，获签字笔1支。中等难度10分钟拆解和还原1个算成功，获签字笔1支。

8.巧叠书塔组

活动内容：将活动组给定的10本书，叠成书塔；用一张A4纸，支撑一本

图2-4-7 解鲁班锁有技巧

书起来。（图 2-4-8）

注意事项：

（1）两个项目活动可以任选一项，也可分两次参加。

（2）不借助其他工具，书塔必须叠 1.5m 高，并稳定 20 秒以上，才算成功。成功者获奖 1 支签字笔。

（3）不借助其他工具，一张 A4 纸要将一本指定的书支撑 14cm 以上，并稳定 20 秒以上，才算成功。成功者获奖 1 支签字笔。

图 2-4-8　叠书塔一定不要急

九、其他活动注意事项

1. 科技活动的相关材料由活动组提供。

2. 科技活动期间的秩序和安全由本班负责。

3. 活动期间，在场人员遵守秩序，服务工作人员安排，不得有打闹、破坏公物等影响活动正常开展的行为出现。

4. 活动过程中，遇有疑问不得与各组工作人员争执，可以向活动负责人提出意见，并寻求合理解决。

5. 请参加选手安排好时间，因科技游园活动影响其他比赛自行负责。

十、活动效果

（一）场面火爆

图 2-4-9　科技活动现场火爆

在学校体艺节组委员的组织安排和相关部门的协作下，活动场地、活动主持、活动器材、活动奖品、活动游园票等，都做了预先准备，整个过程有序展开，场面火爆而不乱。活动结束后，场地清扫、桌凳归位、器材归还等工作，做得到位，真正善始善终。（图 2-4-9）

活动设置的 8 个科技活动组，每个项目展台前方都人头攒动，参与积极性空前高涨。

学生中高手多，有非常熟练巧解连环的，有叠书塔 4 层以上的，有亲折纸飞机飞 20~30m 的，有下象棋轻松将擂主挑于马下的，有搭出 5 层以上自承式桥梁的……特别是工艺蜡烛组和石膏模型组，最受参与学生喜爱，工作人员根据选手喜好，将原色模型制作好后，选手们拿起笔来精心描绘，进行上色、点缀、修饰，将手中的原色模型变成一件件精美的艺术品，让人爱不释手。

活动从周三下午到周四全天，一直被围得水泄不通，学生们反映这样的活动太好了。打通中学从来没有举行过这样的大型活动，学生的兴趣爱好和个性得到充分的张扬，他们反映活动时间太短了，希望以后还会有这样的活动。

（二）美中不足

1. 奖品喜好出现偏差

原以为学生参与后取得成功，发支签字笔作为奖品，学生会很满足，没想到学生对签字笔不太感兴趣，反而对我们没用完的彩色气球更感兴趣。于是，彩色气球也变成奖品，特别是长气球，在高 2023 级 2 班学生们的巧

图 2-4-10　奖品制作忙碌中

手之下编成各种造型，学生们简直爱不释手。以至于活动过程中，签字笔剩了一些下来，气球三次告急，马上到超市、书店、文具批发点等地购买进行火速支援。（图 2-4-10）

2. 部分项目成功率低

8 个项目，榫卯结构复原项目，学生感兴趣，但稍微难一点的就无法复原了；棋类项目中，象棋和五子棋火爆，但围棋参与者少，有几个参与者，在 13 路棋盘上跟擂主让六子比，全部败下阵来；另外，飞行试验中只有折纸飞机成功率高，回旋镖（飞去来器）的成功率为零，没有人在试飞 3 次的机会中成功。

3. 游票发放有待改进

当初，考虑到全校 2600 多名师生，每个人都参与，时间和精力肯定不够，所以一个班发了 20 张游园票。这可为难了班主任，班主任不能厚此薄彼，所

以游园票不能满足学生的需求。加之，游园票发放中出现一些环节的纰漏，致使个别班第一天没有得到游园票。（图2-4-11）

图 2-4-11　可以改进的游园票

十一、几点反思

1. 由于没预料到学生参与积极性如此高，所以奖品准备不足，另外工艺蜡烛的原料（蜡烛粉）也不够，为了救急，居然把平时用的蜡烛熔化了做成其他工艺品。

2. 由于游园票不是人手一票，参与积极性高与活动接待能力有限形成一对矛盾，导致假游园票的出现，据说有班主任还特意为本班学生复印游园票，不知道该表扬呢还是该批评，该支持呢还是该反对？

3. 由于第一次举办这样的活动，经验不足。以后这样的活动，可以设计一个更为科学的游园参与方式，既保证想参与的学生能够有机会参与，同时又避免出现游园票浪费或出现假游园票的情况。

第三单元

职业体验

　　职业体验，对于农村孩子来说，其实就是让他们揭开罩在某些职业身上的神秘面纱，减轻对未来职业选择的恐惧感。虽然现代社会职业包罗万象，学生不可能一一进行体验，但是，学校有组织有选择地进行一些职业体验，是对学生进行生涯规划的重要教育内容，对学生的职业选择有着重大意义。

　　本单元主要内容是劳动教育、军训体训、安全生活、劳动教育、社会服务等。特别社会服务，通过公益活动、社区服务、团队活动、志愿者行动培养孩子们的爱心，增加为民服务的意识。

01 体训演练篇

军训开展

指导老师：王洪浩　王天会

为了全面贯彻党的教育方针，增强学生国家安全意识、爱国卫国意识、国防意识、危机忧患意识，实现立德树人根本任务和强军目标的根本要求；推进学生军事训练工作创新发展，培养团结互助的作风，增强集体凝集力与战斗力，磨炼学生意志与品质；同时也锻炼学生的体魄，激发学生吃苦耐劳的精神。结合学校实际情况，在学生的职业体验军训活动中主要做到以下几点。

一、成立军训工作领导小组

该军训工作领导小组，以正校长为组长，副校长为副组长，各中层干部为组内成员，各班主任为核心成员，形成一套从上至下的齐抓共管的管理体系。

二、制订起始年级学生军训方案

该方案包括以下内容：军训时间，军训地点，军训的对象，以及各个部门的具体分工：军训总负责，统筹管理，筹备管理，协调管理，物质保障，后勤服务、安全保障、宣传、疫情防控及应急处置、校医值班、音响设备等。该方案充分考虑到了军训期间会涉及的各个细节。

三、规定适合我校的军训内容和要求

按照市教育局《高级中学学生军事训练教学大纲》的规定，将学生军事训

练纳入社会实践课程。并结合我校实际情况，主要开展防恐反恐、军体拳、规避灾害、防空逃生、自救互救等科目训练，创新学生军事训练组织方法。同时要按照教学和训练规律组织实施，确保学生军事训练内容和效果落到实处，杜绝偏训漏训、单纯追求汇报表演效果和只重视队列等科目训练而偏废其他科目。

四、编写具体详细的学生军训细目

该细目的内容详细，具体到每天训练的上午、下午的每个时间段，每个时间段要完成的训练内容，以及每项任务应达到的要求。

五、制定一套比较完善的军训考核和评优体系

为让新生感受到学校对军训的重视，树立良好的纪律观念和团队意识，我校制定了一套较为完善的考核体系。该考核评优体系分为优秀班级考核细则和优秀个人考核体系。班级考核体系又分为日常考核与军训会操考核。该考核体系符合我校实际情况，也具有可操作性，可供借鉴。

六、发挥班主任在军训中的核心作用

班主任在军训中核心作用是毋庸置疑的。其主要表现在以下方面：

第一，表率作用。班主任在军训中带头做好遵规守纪的表率。每天按时到校陪伴学生，等学生安稳歇息才能离开。

第二，陪伴作用。早晨6点一直到晚上10点，班主任全天陪伴学生，老师的坚守与陪伴，是学生的定心丸。向学生传达了一种理念：我们是一体的，我们在一起，同甘共苦，共克艰辛！

第三，沟通的桥梁作用。班主任在军训过程中，要做好学生与教官之间相互理解和信任的桥梁作用。在军训中途，学生难免会因为教官的严厉而产生负面情绪，班主任要及时了解，并化解负面情绪。同时，也是学生与家长沟通的桥梁，老师可通过照片或视频及时将孩子训练的情况传入家长群中，让家长及时了解孩子在校学习的情况，让家长对孩子放心，对学校信任。

第四，传达作用。开学伊始，学校工作千头万绪，军训时，场地分散，学校布置工作，不便集中传达。这就需要班主任做好学校与班级、学生的协调，及时把学校对军训工作、学生纪律、日常生活等各方面的要求传达到每个学生

的心中，以便学生尽快适应，及时反应。

第五，观察监控作用。班主任在军训的过程中观察每个学生，留心每个学生的表情、动作，感受学生的情绪变化，为日后上课做好铺垫，对于突发事件，及时处理。

第六，降压药作用。在军训的过程中，中途难免会出现不适而想退出的情况，这时，老师要静心安抚好学生，表达共情，引导放平心态，激活心理潜能。同时，在军训过程中，学生遇到意外事件，如晕倒、受伤等，老师要及时处理，化解紧张情绪，让家长、学生放心、信任。

第七，记录作用。班主任在军训过程中，随时拿出手机或相机，对班级的训练过程进行记录：学生挺拔的英姿、额头的汗水、带伤的双腿、整齐的步伐……教官飒爽的英姿、响亮的口号、个别的指导、工整的示范……餐前的训导、休息的喜悦、整齐的被褥、嘹亮的歌声……每一个训练的细节场景，都是最宝贵的记忆。

七、激发学生在军训中的积极性

在严酷的军训中，学生难免会出现懈怠的情绪，这时，就需要一些具体的能激发学生积极性的措施。

第一，做好宣传。在军训前，班主任或学校，要对学生进行军训前的培训，从思想上提高站位，端正态度，克服怕苦怕累的思想。

第二，多彩的休息。在难得的军训小憩中，班级内部或班级之间可以有一些有趣的互动，比如：游戏，内部 K 歌，班级之间的相互 K 歌，等等。

第三，保障合理饮食，合理休息。保证了学生合理的饮食，休息好了，学生才会有更加充沛的精力参加到军训中来，才会对军训不厌倦。这是提高积极性最基本的条件。

第四，适时的关心，恰到好处的慰问。当学生军训到中途难免会出现懈怠的情绪，这时老师或学校领导在中途对学生进行慰问，或适时的关心，犹如给学生打入鸡血，会让整个士气大涨。

第五，科学合理的考核与激励制度。科学合理的考核激励制度，能够激起学生的竞争意识，树立集体观念。同时，也能培养团结互助的作风，增强班级凝集力和战斗力。

　　本校通过严格的军事训练，增强了学生的国防意识，激发了爱国热情；培养了集体主义观念，严格自律的习惯；强健了学生的体魄，磨砺了学生吃苦耐劳的意志。这些都为他们未来的三年学习打下了坚实的基础。

　　经过几年连续性新生军事训练，我校的职业体验之军训，取得以下成果：

　　1. 制订了具有延续性和可操作性的《新生入学军训方案》。该方案具有延续性，也很具有可操作性，同时也可供同类学校借鉴。

　　2. 制定详细的可操作的《打通中学新生军训细则》。该细则操作强，也可供同类学校借鉴。

　　3. 制定了合理的《打通中学新生军训考核办法》，该办法符合我校的实际情况，可供同类学校参考。

　　4. 在几年的军训中，积累的一些可解决实际问题的经验。每年的军训总会出现一些意想不到的问题，我校在这方面不断总结完善，基本形成体系。比如新增的《新生军训疫情防控措施》和一些应急措施，等等。

02 勤工俭学篇

假期打工

指导老师：李海霞　曾　莉

　　勤工俭学是社会主义教育不可缺少的组成部分，是培养"四有"新人的重要途径。近年来，学校的勤工俭学活动越来越引起人们的重视。为此，我校开展了勤工俭学的综合实践研究活动。

一、学生勤工俭学的作用和意义

　　勤工俭学是我们党一贯倡导的，重视勤工俭学是我国人民教育事业的一个光荣传统。但随着人民生活水平的不断提高，中小学生的劳动观念日渐淡薄。重提勤工俭学的美德，是新时代社会主义教育意识的觉醒，也是学校实施劳动教育活动的一种形式。能充分发展学生的德、智、体、美、劳，使学生成为一个全面发展"有用之人"。

　　勤工俭学，是我国的优良传统，能培养学生热爱劳动的品质，磨炼学生的意志，强健学生的体魄，养成吃苦耐劳的品质，能很好地促进学生的成长。

二、乡村学校如何开展勤工俭学

　　1. 勤工俭学的定位

　　对于勤工俭学，我们的定位是"育人为主，创收是辅"。在勤工俭学这条路上，这是必须把握的定位，我们培养的是热爱劳动的社会主义"四有"新人。

2.因地制宜，拓展勤工俭学的路子。

开展勤工俭学活动，从学校的实际情况出发，因地制宜地开展活动，如学生挖药材、搞小菜园建设、收集矿泉瓶等。让学生亲自体验劳动的艰辛与快乐，培养学生热爱劳动的品质。

3.加强管理，建立勤工俭学长效机制。

开展勤工俭学主观上是以育人为出发点，在整个过程中，要善于建立一套规范的管理体系，使勤工俭学工作稳步健康发展。有领导机构，有计划，有活动方案，有纪录，有专账，有活动总结，专人负责，把学校的勤工俭学工作做实做好，做出成效。

4.全员参与，充分调动师生员工的积极性。

农村地广人稀，学校规模都不很大，不可能有庞大的勤工俭学管理机制，所以必须发动广大师生全员参与，并且善于从小处着眼。可以实行以班级为单位，确定内容和重点，学校进行评比，建立奖励机制，对表现突出的班级和先进个人进行表彰。

5.做好宣传，争取家长及社会各界的支持。

学校进行广泛宣传，要使家长和社会充分认识到学生参与勤工俭学的意义，从而以积极的态度支持勤工俭学活动。

三、界定勤工俭学的内容和范围

从学校的实际情况出发，因地制宜选择内容和范围开展活动。

1.上学期间，勤工俭学范围主要在校内及学校周边地带。比如：校内图书馆、校超市、食堂、校菜园地或校园其他地方，做一些力所能及的事。校园内随处可见的可回收废品也可做勤工俭学的内容。

2.学校统一组织。根据情况，学校可采用统一组织的形式，一学期开展一到两次的勤工俭学活动，范围则根据情况选择校园或周边可操作、能保证安全的内容地方开展，比如，社区服务时顺带回收废品或某些种植基地看展活动等。

3.假期的勤工俭学可以有三种方式：学校统一与政府联系，班级统一开展合宜的勤工俭学；家长带领下的勤工俭学；学生在征得家长的同意下，保障安全的前提下，自主零散的勤工俭学。比如：一些手工劳作的企业、餐厅等，或者一些学生力所能及的事都可以是勤工俭学的内容。

四、乡村学校引导学生开展勤工俭学的注意事项

经过多方分析及访谈了解，我们认为乡村学校引导学生开展勤工俭学应注意以下事项：

1.学校、老师家长对学生勤工俭学安全的引导。比如安全知识的普及，《劳动合同法》的学习，《民法典》的学习，人身安全，交通安全，防电信诈骗，防溺水，消防，疫情防控，等等，各种安全知识的教育与宣传。

2.学生在计划暑期打工前，应征得家长的许可，在家长同意的前提下，首先妥善安排学业，先完成学业，才可具体筹划暑期打工安排，筹划完毕，应及时告知家长自己的安排。

3.学生应秉持"实践为主"的打工理念，应充分了解自己的身体状况，只能接受力所能及的工作。

4.对于暑期打工，教师可预先了解有暑期打工意愿的学生，学校、教师、政府可三方协调，在保障安全的条件下，为学生寻找力所能及的暑期工作。

5.学会保护自己的合法权益。确定好工作岗位后，要及时了解居住、工作环境、工作内容、工作时间、待遇等情况，尽量与用人单位签订劳务合同，当自己的权益受到侵害时，要及时利用法律武器合理有效的维护自身权益。

6.对于自行寻找勤工俭学机会的学生，老师、家长要加于正确的引导，甄别信息的真假；具体了解工作内容、工作环境、工作流程、劳动强度、技术的要求、上下班的时间、薪酬问题、劳动纪律、奖惩制度、吃住行条件等。

7.教育学生学会自我保护，不轻信于人，保护个人信息；签订劳动合同、避免落入陷阱等。

五、学生勤工俭学总结

针对学生开展勤工俭学活动结束后，为进一步加强学生的劳动教育，返校后可开展如下的返校再教育。

（一）开展勤工俭学主题班会

1.学生以工作内容分成几个小组，相互交流感受与心得。

2.小组代表发表勤工俭学工作中得失的发言。

3.全班学生在教师引导下共同讨论出当今社会需要的工作素养，探讨在今后的学习中该怎样不断完善自己。

4.全班同学在教师引导下根据班会收获做好自身工作生涯规划并形成书面材料。

5.班主任做总结发言，用这段勤工俭学经历有效地科学地指导学生更好地应对当下的生活和学习。

（二）开展职业生涯规划征文比赛。

03 劳动教育篇

劳动值日策略

指导老师：鞠　萍　蒋建春

习近平总书记在全国教育大会上强调：教育应该是为培养建设中国特色社会主义奋斗终生的有用人才。而"有用人才"一个重要特征就是具备劳动的素质，是能够弘扬劳动精神、崇尚劳动、懂得劳动的光荣，能够辛苦劳动，诚实劳动，创造性劳动的人。

为加强我校学生的劳动教育，培养学生热爱劳动的良好习惯，增强学生主人翁责任感，培养德、智、体、美、劳全面发展的社会主义建设者和接班人。经学校研究决定，决定在全校实施劳动值日制度。为切实开展好此项工作，现结合学校实际情况，主要做了以下工作。

一、成立劳动组织管理委员机构

校长任组长，副校长任副组长，校中层干部任成员，各班主任为核心组织人员。

二、制订合理可行的劳动值日方案

方案的内容包括值日的工作职能、管理办法、值日要求、岗位设置等。

三、确定班级劳动值日的工作职能

1.服务职能。校园卫生保洁工作，卫生检查工作，校门值日工作，维护食堂就餐纪律、有序排队工作；校园超市购物人流限制工作，校园文明劝导工作。

2.管理职能：对任何违反校纪校规的人和事，做好劝导和制止工作，并做好记录，上报德育处。

3.示范职能：值日班同学在做好各自工作的同时，要模范遵守学校各项规章制度，言行举止要文明礼貌，态度谦逊，工作认真，一丝不苟，做全校学生的表率。

四、确定劳动值日班级管理办法

1.值日班级；全校除初三、高三外的所有班级。依次按高一、高二、初二、初一顺序轮流参加劳动值日。

2.值日办法：德育处负责安排值日班级，每次值一天的班。值日班级班主任及副班主任全天管控本班级值日的日常工作，校值日干部、领导监督。

3.班主任及副班主任提前一天安排好各岗位人员，明确岗位职责，强调纪律及安全等注意事项。

五、值日要求

1.班主任、副班主任要认真组织，全程参与，督促班级学生搞好各项值日工作。值日时间如遇年级考试或放假，由德育处统一协调。

2.值日成员认真履行岗位职责，德育处、团委对班级值日履职情况进行检查。

（1）校园整洁，卫生良好。

（2）值日态度端正，不得自由散漫、聚众讲话、嬉笑打闹、言语不当。

（3）值日有所作为，不能走过场。例如：见垃圾不捡、见不文明行为不劝导、发生违规违纪现象不上报等。

（4）值日标志佩戴规范，值日资料按时上交，标志不得丢失或借与他人。

（5）注重文明值日，讲究方式，不得在值日过程中出现冲突。

（6）到位及时，不得早退、缺岗等。

六、劳动值日中发挥班主任的最大作用

在劳动值日过程中，班主任无疑是最核心的人物。

第一，在劳动值日的前一天，班主任需要提前对学生开展以劳动教育为主

的主题班会，从思想上、态度上端正学生对劳动值日的认识，让学生意识到劳动教育的重要，认识到参加劳动的必要，并教育学生认真参加劳动。

第二，在劳动前一天，安排好任务，并确保每个学生有岗位，一项一项细分，也要确保每项工作的劳动量大致相当，以免学生以为不公产生不良情绪。

第三，在劳动值日过程中，班主任全天跟班，监控学生劳动情况。有时学生不会的，或做得不好的，老师还要亲自示范。同时，在学生劳动中，发现岗位分配有些不适宜的地方，及时调整。同时，班主任也可以协助学生一起监督其他非劳动日学生的纪律。

第四，在劳动中，班主任也是最好的记录员，随时用相机记录学生的劳动情况，也可在家长群分享孩子的劳动情况，让家长看到自己孩子热爱劳动的一面。看到孩子的成长，对孩子在学校的学习与生活放心。

第五，劳动值日结束时，指导学生做好本班劳动值日宣传的美篇。同时，也指导学生写好劳动值日心得。再次教育学生不仅从身体上参加劳动，也从心灵上受到震动，真正懂得劳动的美好、劳动的意义。更加热爱劳动，更加珍惜人类的劳动成果。

七、设置全民清洁日

每周的星期一，为我校的全民清洁日。这一天，全校师生总动员，为学校做大扫除。而班主任则带领本班的学生对自己的教室、公区进行一次彻底的大清扫，特别是平时做清洁不太注意的死角，更是重点清扫之处，还给大家一个干净、整洁、美丽的校园。

劳动教育是我校的一道亮丽的风景，为我校带来了一片生机，它引领着学生的精神和生命的成长。从开展劳动教育的两年以来，我校的校园环境和学生面貌都发生了巨大变化。

第一，还给了大家一个干净、整洁、美丽的校园，由以前随处都可见垃圾的校园，变成一个整洁、有序、看不到任何垃圾的校园。

第二，学生劳动习惯的养成。让学生认识到了劳动的意义，培养了热爱劳动的好习惯。

第三，收获、珍惜自己的劳动成果。看到自己亲手打扫的干净校园，学生也不再随手扔垃圾了，倍加珍惜自己的劳动成果。

第四，集体劳动，让学生从"低头族"中摆脱出来，伸伸胳膊，动动腿，学生的双手离开手机，在一定程度上也意识到学习的重要。

第五，加强了同学之间的协作交流。劳动的过程促使学生之间有了更多的互动与交流，班级凝聚力也得到了增强。

总之，劳动教育是学校开展综合实践课程的一种非常好的实践教育方式。无论对学生的个人成长，学校风气的改善，还是国家人才的培养都是非常好的实践教育方式。

附：劳动值日岗位设置及具体时间、实施办法

班级值日工作流程			
时间	地点	人数	职责
6:50—7:45	校门	7~10人	到校门口站岗执勤，对未戴校牌和未请假出校的学生进行登记，主动向老师问好，在疫情期间负责学生进校时的消毒
	食堂	4~6人	维持学生就餐秩序和纪律
	超市	4~6人	限制购物人数和维护秩序
	教室	6~12人	清洁卫生检查
7:45—8:10	全班到食堂就餐		
8:20—9:10	负责全校公共区域拔草、捡垃圾等清洁卫生工作		
9:20—11:10	上课		
11:10—11:25	全班佩戴标志，到食堂就餐		
11:25—13:20	食堂	一楼8人，二楼6人，三楼5人，四楼3人，外围搜集餐具4人	维护学校食堂就餐秩序
11:25—13:20	超市	4~6人	限制购物人数和维护秩序
13:30—14:00	全班教室午休		
14:20—16:00	全班上课		

（续表）

班级值日工作流程			
时间	地点	人数	职责
16:00—16:30	全班佩戴标志，到食堂就餐		
16:40—18:40	食堂	一楼8人，二楼6人，三楼5人，四楼3人，外围搜集餐具4人	维护学校食堂就餐秩序
	超市	4~6人	限制购物人数和秩序

劳动值日案例

指导教师：王泽安

一、教学背景

我们学校是地处偏远的农村中学。学校就在所在镇的边沿，校园外就可以看到农田，时常可以看到村民在田地里劳动。农村学生来自农村，学会劳动天经地义，养成热爱劳动的习惯理所当然。

受 2020 年新冠疫情的影响，学校实行封闭管理。由于防疫需要，学校会增设很多应急值勤岗位，加之，高、初中师生 2500 多人全部在学校就餐，食堂秩序管理和餐后服务工作量大，学校决定采取班级轮流劳动值日的方式来解决。轮到某班劳动值日，则该班全天进行劳动教育。全校 55 个班，一学期大概能轮到 2~3 次。按照中小学劳动教育每周不少于 1 课时的规定，一学期 18~20 课时，除节假日，合计也有大约 3 天的劳动时间。

劳动教育，各班的设计略有不同，不过都有"规定动作"和"自选动作"。"规定动作"即学校规定的岗位值守、校园环境维护、食堂服务等，"自选动作"则是各班根据情况，自己制定的劳动教育内容，包括劳动视频观看、劳动实践等。

二、学情分析

生在农村的高中生，我们不要以为他们爱劳动、会劳动，劳动能力很强。首先，他们也是从小就读书，劳动机会并不比城市孩子多；其次，他们父母多半外出打工，对他们管教不多，而爷爷奶奶要么心痛孙儿孙女，不让他们劳动，要么叫他们劳动他们也不听，这种隔代教育，效果不理想，劳动习惯的培养，基本上是放养状态。另外，我曾问过一些农村学生，他们居然也有些农作物或蔬菜叫不出名字来，也有不会使用的简单农具。所以，农村学生劳动教育也不能忽视。

学校利用劳动教育值日的机会，给学生一个培养劳动习惯、学习劳动技能，进而养成热爱劳动、尊重劳动者、珍惜劳动成果的优良品质。

三、设计思路

有的班主任，在轮到自己班上劳动值日时，把当天劳动值日的所有事项全部安排到位，学生按步骤进行就行了。这样固然少出状况，比较顺利，但是学生不动脑筋地劳动，像木偶一样执行机械动作，激发不出学生的劳动激情，培养不出劳动的优良品质，也发掘不出学生劳动中的智慧。

我的总体理念是：能让学生动手的，一定放手让学生去做，调动班委和小组长的积极性，让他们全权策划。中途出现情况，也让他们灵活处理。

本期第一次劳动值日，正好是植树节前夕，经过我和班委的商议，我班的劳动值日内容就定两项：第一，学校规定的劳动值日，也就是"规定动作"。这部分内容学生已经进行过两次，所以由班委总结前两次的经验教训，通盘考虑，安排人员和岗位，明确任务和职责，班主任只是巡视或拍照、录视频记录他们的劳动过程；第二，校园种花植树，也就是"自选动作"。劳动值日，当天就完成，而种花植树，除了当天的基础工作外，还有后续的养护工作，正好是一个持续的养成教育过程。当然，由于很多学生并不会专业的种花植树技术，因而我们需要请专业老师事前进行指导。

四、教学目标

（一）规定项目

1.让校门、楼道、食堂、校园超市等地值守学生的坚守岗位、明确职责。

2.让教室、楼道、食堂及运动场等的检查学生，如实记载检查情况，汇总上报。

3.让食堂服务学生，学会操作流程，提高服务质量。

（二）自选项目

1.在专业老师的指导下，让学生认识花籽及花籽播撒、树苗及树苗栽种的方法和流程。

2.在老师和技工的示范下，让学生学会平整土地、播撒花籽、花籽覆盖、浇水润土的规范操作，学会挖坑栽树的方法。

3.在劳动值日后持续的劳动实践中，让学生懂得新播花草、新植树木的后期养护"三分种，七分管"道理。

五、教学重难点

1. 重点：劳动值日规定项目各流程精准到位，完美收官，不留纰漏。让学生学会劳动值日自选项目的全部流程。（图 3-3-1）

2. 难点：劳动值日自选项目的后续维护和坚持，让学生自觉养成劳动习惯。

六、教学器具

1. 规定项目器具："劳动值日"标志、清洁工具、《清洁卫生检查表》《校牌登记表》《值日班级物资领取表》等物品。

2. 自选项目工具：两把锄头、五彩蔷薇苗若干、格桑花种子 250 克、生根粉和肥料若干包、浇花的水桶两个、浇花的水枪一把、水瓢两把。（图 3-3-2）

图 3-3-1 食堂劳动值日

图 3-3-2 校园种植花草

七、教学方法

教室讲述法、现场讲解法、示范操作法等。

八、教学课时：劳动值日全天

九、教学流程

项目 环节	学生活动	教师活动	意图
动员与安排 （值日前一天课余时间）	1. 召开班委会，对劳动值日进行总体策划：包括劳动值日的岗位布置、人员安排、时间地点、责任明确、善后处理等。 2. 对值日岗位人员进行小组分工，确定责任人，明确任务。 3. 在班主任对全班学生进行劳动值日思想动员后，宣布班委会的决定。	1. 提前与学校协调，买回树苗和花籽。 2. 在班上进行劳动值日的"战"前动员，总结前两次劳动值日的得与失，强调劳动教育的必要性和重要性，端正态度，做好准备，以积极的心态、饱满的热情投入到第二天的劳动值日中。 3. 动员会上，与学生互动，调动学生的积极性。	除了劳动动员外，把劳动值日的策划准备工作交给学生、给给班委来做，锻炼学生的组织能力、管理能力。
提前集合 （6:30）	1. 当日早上6:30，全班学生在靠校门的操场边整队分组集合。 2. 各组组长领取并分发值日器具：清洁工具、《清洁卫生检查表》《校牌登记表》等。 3. 全体学生佩戴上"劳动值日"标志。 4. 班长讲话，再次确认各组的岗位职责，让各组组员明确自己的任务。	1. 班主任提醒学生值日时，注意文明礼仪，注意展示班级良好的精神风貌。 2. 提醒学生在检查过程中，注意方式方法，有礼有节，避免和被检查学生发生冲突。 3. 提醒学生值日安全。	提前到场，从容应对，让学生学会做事的提前准备，革除拖沓懒散之习气。
早上值日 （6:40—8:30）	1. 校门：10人，校大门口站岗执勤，对未戴校牌和未请假出校的学生进行登记，主动向老师问好，在疫情防控期间负责校门师生进校时的消毒和测体温。 2. 食堂：6人，维持学生就餐秩序和纪律。	1. 班主任四处巡视，对各岗位的值日学生的给予鼓励。 2. 拍照或录视频，为劳动值日学生留下美好见证。	劳动值日一旦开始，班主任就像一个顾问，不影响、不打扰值日的正常进程。

（续表）

项目 环节	学生活动	教师活动	意图
早上 值日 （6:40 —8:30）	3. 超市：4人，疏导和维持购物秩序。 4. 校园：10人，巡查校园内的操场、教学楼周边的环境卫生状况，及时处理地面垃圾等。 5. 教学楼：6人，进入教学楼内检查教室、公区、厕所的清洁卫生及通风情况。 6. 早上值日完毕，统一吃早餐，检查维护好食堂清洁后，回教室。	3. 发现值日环节中有做得不科学的地方，及时给学生一些点拨和提醒。 4. 处理可能出现的突发事情，如学生突然生病、值日学生与其他学生发生矛盾等。	充分相信学生，让他们发挥其主动性和积极性，只是有时敲敲边鼓，提点建议而已。
上午植树种花 （9:00—10:30）	1. 学生在学校操场与教学楼之间的花台边集中，听专业老师讲解花籽、树苗知识及花籽播撒、树苗栽种方法和流程。 2. 水桶装水，将生根液稀释，将五彩蔷薇和格桑花籽浸泡到生根液中。 3. 平整花台的表土，同时依据五彩蔷薇苗数量挖土坑若干，坑深30cm左右。 4. 将浸泡过的五彩蔷薇苗栽入土坑，用周围土壤覆盖平顺，并适当压紧实。 5. 在平整后的花台表土上均匀撒上用生根液浸泡过的格桑花籽，用锄头推动表土，将撒下的花籽覆盖，覆盖深度2~3cm为宜。 6. 将肥料按比例稀释到水桶中，用充电式撒水枪浇水，或用水瓢浇灌。将撒过花籽和植过树苗的地方浇透。	1. 教师现场介绍花籽、树苗知识，传授种花植树的技术。 2. 教师在学生植树种草过程中，必须进行技术指导和要领动作示范。如生根液、肥料稀释浓度、土坑大小深度是否合格、撒花籽的方法、用锄头覆盖表土的方法、浇水的程度，等等。 3. 教师强调安全、规范操作，跟踪实作，巡视。 4. 拍照或录视频，为劳动值日学生留下美好见证。 5. 最后提醒各组清点、清理、清洗、归放工具。	这是学生完成的真实任务，经历完整劳动过程，让学生体验劳动的复杂、劳动的细致、劳动的艰辛。让学生懂得劳动成果的来之不易，进而培养学生珍惜劳动成果的优良品质。

项目 环节	学生活动	教师活动	意图
中餐、晚餐值日（11:10-13:30）（16:20-18:00）	1. 学生11:10提前到食堂，快速就餐后，迅速到指定岗位就位，做好在学校就餐期间（11:30-12:50）为全校师生服务的准备。 2. 就餐期间服务项目：①食堂外和食堂各层楼道22名值守员，负责维护就餐秩序，检查监督不文明行为；②各楼层服务员点2人，负责为学生添饭和舀汤；③楼下餐具、垃圾收集回收点，餐具回收、垃圾处置。 3. 超市：4人，疏导和维持购物秩序。 4. 中餐服务结束后，协助食堂工作人员做好食堂就餐区清洁，巡查校园环境后回教室。	1. 班主任在食堂各楼层巡视，对各岗位的值日学生的给予鼓励。 2. 拍照或录视频，为劳动值日学生留下美好见证。 3. 发现值日环节中有做得不好的地方，及时给学生一些点拨和提醒。 4. 处理可能出现的事情，如就餐区拥挤、值日学生与其他学生发生矛盾等。	一些学生长期享受别人的服务，而自己没有服务过别人。让他们参与服务，当一当服务生、门岗、食堂勤杂工，体验劳动，体会尊重与被尊重，对培养学生热爱劳动、尊重普通劳动者的品质有帮助。
值日总结（30分钟）	1. 各小组组长和组员代表汇报在班上分享小组的劳动值日收获和体会。特别让学生说出自己的感受和下次值日应该完善的地方。 2. 班委汇总各小组记载表，填写劳动值日总结表，上交学校。	1. 班主任利用班会课或自习课时间，开个总结会，在学生进行总结发言后，进行总结的升华。 2. 对本次劳动值日的好人好事进行表扬，指出本次劳动值日中的不足及今后的注意事项。 3. 对学生提出良好祝愿，希望他们珍惜劳动成果，尊重普通劳动者，养成终身劳动习惯。	劳动值日总结，一定要有学生的自我总结和反思的环节，这样才能让学生真正体会到劳动的价值，才能逐渐培养起学生热爱劳动的品质，不至于让学生以为这就是一次活动而已，活动结束就什么都结束了。

十、教学后记和反思

本次劳动教育，充分发挥了学生的主动性。全天劳动值日，井然有序，各值守岗位，各负其责，发现值守过程中基本上没出问题。特别是食堂的扫尾工作，得到了食堂工作人员的赞赏。

在劳动的自选项目中，学生表现更加积极。在准备花籽树苗、培土挖坑、种子播撒、运水浇水、工具收纳等环节中，学生善始善终，劳动环节完全符合操作流程，学生得到了充分的锻炼。

当然，由于校园地域狭小，劳动参与面还略显不足。比如，自选劳动项目时，就有部分学生因未能参与而表遗憾，因此，今后的劳动教育（包括劳动教育相关的综合实践），可以多开展一些。

豌豆苗栽种

指导教师：严家兴

一、背景分析

中共中央、国务院印发《关于全面加强新时代大中小学劳动教育的意见》，明确在大中小学设立劳动教育必修课程，并要求将劳动素养纳入学生综合素质评价体系。打通中学处于偏远山镇，有较多适合耕种的土地资源，给中学生参加劳动生产活动提供了基础条件。打通处于渝黔交界处属于亚热带季风气候，温度适宜，阳光充足，适合种植各类农作物。除此之外，打通镇本地有一大批经验丰富的老农民和技术人员，给开展劳动教育提供了技术支持。但令人遗憾的是，劳动教育在现实生活中被不断弱化和边缘化，导致相当数量的中小学生"四体不勤、五谷不分"，鄙视普通劳动者，不珍惜劳动成果，不爱劳动、不愿劳动、不会劳动。基于这些，我们决定开展劳动教育课程，使之浸润青少年学生的成长历程，帮助同学们打好人生底色。

二、设计思路

本节课，属综合实践主题探究类研究性学习一个片段课。综合实践课程更多地指向培养学生能够自主的发现问题、提出问题及解决问题的能力，在构课中多取材于生活，课堂教学中尊重学生的主体性，真正体现学生是课堂的主人。

1.让主题源自学生兴趣，并结合生活实际。

兴趣是维系学生实践活动的内在动力。要使学生对所参与的实践活动有热情，关键在于学生对选题感兴趣。选择学生感兴趣的主题，学生的主动性、自主性会得到充分体现，实践活动会收到事半功倍的成效。

2. 让主题源自社会生活，并实践于生活。

教师有目的、有重点地引导学生观察社会、观察生活，抓住那些有意义的社会热点，去发掘、捕捉，提高学生的问题意识。让学生既满足了挑战的欲望，又享受了成功的喜悦。通过活动，学生积极主动地走进社会，走入生活，在广袤的社会生活中发现更多的问题，并运用已有的知识去分析生产劳动问题、探索生产劳动问题，内化为经验，不断提高观察、分析、理解能力。

根据教学目标和内容，特将本课环节设计为五个部分：一、联想导入，揭示学习主题；二、七嘴八舌，提出相关疑问；三、唇枪舌剑，确定探究问题；四、结合实际，分析解决问题；五、分享收获，总结学习成果。

三、教学目标

（一）知识与技能：

1. 学会将学科知识融入生产劳动中，运用学科知识进行科学种植。

2. 掌握劳动的基本技能如翻土、施肥等。

（二）过程与方法：

通过教学，学会用相关的学科知识、农谚等指导耕种。

（三）情感态度价值观：

1. 感悟劳动快乐，并在劳动实践中磨炼意志品质，增进团队意识。

2. 逐步确立劳动最光荣、劳动最崇高、劳动最伟大、劳动最美丽的价值观念，培养崇尚劳动、热爱劳动、尊重劳动者的思想情感。

四、教学重点与难点

1. **教学重点：** 掌握劳动基本技能，学会简单生产劳动。

2. **教学难点：** 将学科知识融入生产劳动中，体会劳动艰辛，培养热爱劳动的习惯品质。

五、教法学法

1. **教法：** 引导、启发、谈法、总结。

2. **学法：** 观察、自主、讨论、合作、探究、体验。

六、教学流程图

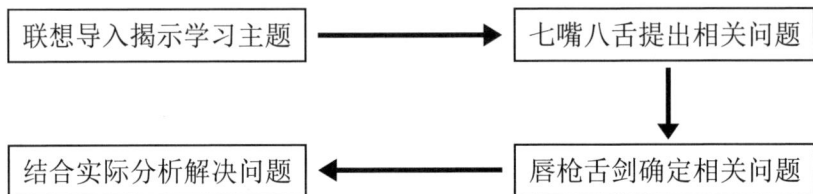

```
┌────────────────────┐      ┌────────────────────┐
│ 联想导入揭示学习主题 │ ───→ │ 七嘴八舌提出相关问题 │
└────────────────────┘      └────────────────────┘
                                       │
                                       ↓
┌────────────────────┐      ┌────────────────────┐
│ 结合实际分析解决问题 │ ←─── │ 唇枪舌剑确定相关问题 │
└────────────────────┘      └────────────────────┘
```

七、【教学过程】

环节	教学流程	学生活动	教师活动	学法	教法	时间预设	教学意图
导入环节	播放视频 导入新课	一、联想有关乡村田园风的网红 二、观看视频 三、想象自己如何成为"李子柒"这样会种植的人	一、联想导入 1.提问大家心目中最优雅、最具有乡村田园风的网红是谁? (若有人提到李子柒就直接引向李子柒视频,若没有人提起李子柒就提问大家知道李子柒吗?然后引向李子柒视频) 2.播放李子柒的视频 (播放央视主持人对李子柒的评价视频) 3.引发兴趣 (提问:大家想像李子柒一样享受生活,感受生活的乐趣,显示我们的文化自信吗?) 4.结合实际、引出课题 (想成为她这样的人也并非难事,只要大家掌握劳动的基本技能就能像她一样享受田园的宁静,今天我们就一起来学习劳动教育的一个重要环节——播种环节)	联想想象	联想导入	5分钟	联想李子柒般的田园生活,引发学生对生产劳动的兴趣,培养学生热爱生活、享受生活的习惯,让学生明白劳动教育最终是用于生活实践。

（续表）

环节	教学流程	学生活动	教师活动	学法	教法	时间预设	教学意图
教学环节	提出疑问 探究问题	一、针对种植提出相关问题 二、探究问题整理问题，基于较为重要的问题进行性讨论，各自发表想法	二、生产劳动中播种的教学过程 1.让学生针对生产劳动中的播种环节提出自己能够想象到的问题并写在探究报告册中。 （同学们，想成为李子柒那样享受生活的人可不是那么容易的，会遇到很多问题和困难，同学们可以针对播种的工具、工序、技术、注意事项等提出自己的问题，并将问题写进自己的探究报告中。） 注：同学们有可能提出的问题： 1.播种有哪些程序？ 2.播种需要哪些农具？ 3.什么季节适合种哪些农作物？ 4.播种时需要注意些什么？如土壤、湿度、窝距等。 5.种子播种时需要泡吗？ 6.苗子需要栽多深合适？ 7.组织学生收集问题，并整理其中值得探究的重要问题。让学生针对整理的问题进行讨论、探究。	讨论法、归纳法、辩论法	引导法 提问法 启发法 谈话法	25分钟	通过组织、引导学生提出问题、探究问题、解决问题，让学生主动对生产劳动进行思考，并解决问题，培养学生问题意识、合作意识、语言表达能力理论结合实践能力等。

（续表）

环节	教学流程	学生活动	教 师 活 动	学法	教法	时间预设	教学意图
教学环节	解决问题	三、解决问题根据讨论结果结合老师给的指导性意见进行整理归纳	根据刚刚同学们提出的问题，通过整理归纳，发现问题主要集中在这几个×××，那么下面我们就这几个问题进行探讨，首先分小组讨论，讨论出自己的答案，派代表起来发表自己小组的答案；若其他小组针对该问题有不同答案则组与组之间相互辩论。同学们可以充分发表自己的看法，让我们在辩论中得出答案。引导、组织学生整理讨论问题的答案，并结合实践得出答案并记录在册。 （刚刚通过探讨和辩论得出了一些答案得雏形，那么这些答案到底能不能符合具体得实际情况呢？我们都知道"纸上得来终觉浅，觉知此事要躬行"，那么基于这些问题，我们去看看在具体的实践活动中有哪些方法可以解决呢？请同学起来回答。注：播放学生咨询有经验的老农的视频和图片。展示播种时所需要的农具。展示学生上网查询资料的图片。展示学生向经验老农学习具体劳动实践的图片。将得出的方法和答案填写进报告册。）	讨论法、归纳法、辩论法	演示法 总结法	25分钟	教给学生 1.查阅资料 2.咨询老农 3.亲身实践探究等方法，从而对生产劳动的印象更加深刻。

（续表）

环节	教学流程	学生活动	教 师 活 动	学法	教法	时间预设	教学意图
总结环节	形成报告	一、总结延伸 学生自评、互评、师评，并完善探究报告相关内容，形成成果册	三、总结成果 1.引导学生自评、互评，并对学生的整个环节进行评价，引导学生完成报告册形成成果册。 （同学们，基于今天的课程，我们对生产劳动中的播种环节有了新的认识，下面请几位同学对自己今天的表现进行自我评价。请几位同学对同桌或者同组的同学进行评价，最后完善报告册，课后根据报告册完成成果册。）	归纳法	评价法、总结法、激励法	10分钟	引导学生总结自己的学习收获，形成自己的成果册，巩固学习到的知识技能。激励学生养成热爱劳动、热爱生活的习惯。
	情感升华	二、基于生产劳动课程，提高学生热爱劳动、热爱生活的习惯，养成珍惜劳动成果的意识	2.总结本节课的学习，提升情感态度价值观。 （同学们，李子柒式的生活是我们都向往的，那么只能用自己的双手去劳动，才能去体验生活，享受生活，只有通过劳动才能让我们的人生活成自己想要的那样，养成热爱劳动的习惯，珍惜劳动成果，让我们都拥有美好的明天。）				
	板书设计		农业劳动教育——养成劳动好习惯，人人都是"李子柒" 1.提出问题 2.探究问题 3.解决问题 劳动理论—劳动实践—劳动理论				
	教学反思						

附件1:

农业生产劳动报告册					
姓名		班级		日期	
项　目					
针对生产劳动所提出的问题					
探究方法					
探究结果					
自我评价					
教师评价					

附件2:劳动教育过程花絮(图3-3-3、图3-3-4、图3-3-5、图3-3-6、图3-3-7)

图3-3-3　教师授课

图3-3-4　同学们上网查资料

图3-3-5　同学们筛选豌豆

图3-3-6　教师示范挖土

图3-3-7　同学们挖土

绽放吧，房间的角落

——土培、水培试验

指导教师：孔　燕　廖正枝

教学内容：绽放吧，房间的角落

课　型：劳动教育课程

教材分析：

学情分析：部分学生在寒、暑假假期，或者利用周末的时间，参加了暑期种植劳动实践活动或者参与家庭家庭劳动种植活动，如蔬菜、花卉种植等，这部分学生有一定的农业劳动常识。而部分同学则是参加的其他劳动实践活动，比如做外卖、餐厅服务生等，这一部分学生，相对缺乏种植知识。

教学目标：

1.学生能学习水培芽苗菜、土培花卉、应季蔬菜的种植方法；

2.学生能合理规划空间，充分利用缝隙空间；

3.学生能选择适当的种子，实践水培芽苗菜、土培花卉、应季蔬菜的劳动过程；

4.在实践的过程中，逐步培养学生欣赏美、创造美的能力；

5.融合学科知识，促进学生对学科知识的兴趣。

教学重点

1.水培芽苗菜、土培花卉、应季蔬菜的实践过程；

2.合理规划局部空间，使其被改造为便于种植的个体小空间。

教学难点：

1.如何将局部空间合理规划；

2.如何利用有限条件，让植物充分生长。

教　法：启发、引导、谈话、演示、总结等方法。

学　法：观察、总结、自主、合作、探究、体验等方法。

教具准备：多媒体，PPT 演示仪，植物种子，各种形状、材质的种植箱，小铁铲，支杆，小木棍、喷水壶等农用工具。

教学流程：

第一步：教学导入

播放有关李子柒的视频片段作为课堂导入

授课之前，分享谚语"劳动创造美"。继而提问：哪些东西能美化我们的生活环境？该问题的设计，可回答范围较广。大多数学生能联想到花、绿色植物等。再通过问题：这些绿色植物能被种植再哪些地方呢？依据学生的实际生活经验，他们能观察到在天台、阳台、室内等都有种植绿色植物的空间。

李子柒，是一位将农业种植之美展现得淋漓尽致的博主，她也深受很多学生的喜爱。

通过展示李子柒的庭院，让学生欣赏李子柒用双手所创造出来的美。同时，也让学生感受劳动如何创造了美。除了李子柒，在我们身边，也有小小的庭院，展示了种植之美。

位于学校附近，有一个"楼梯花园"，这个楼梯花园由 1 楼住户打造。学生观看视频后，思考：这个"楼梯花园"有什么种植启发？

视频呈现了楼梯花园，通过使用篱笆、挂钩、搭建平台等方式，将种植范围立体化；通过种植不同植物花卉，让整个楼梯生机勃勃。由此，激发学生思考：如何通过创建不同的种植箱和选择不同的植株，最大化利用空间。

设计目的：通过欣赏李子柒的庭院，让学生感受劳动所创造的美；通过"楼梯花园"，引领学生思考，如何利用空间的缝隙，打造绿色的天地。植物种植，可以发生在阳台、教室的空间缝隙、或者校园内的角落空间，都可以被绿色覆盖。由此，激发学生去创造和改进空间利用率。

第二步：教学过程

一、课堂教学前期准备

国庆长假前夕，教师提前将种植任务安排给学生。利用国庆假期的时间，完成以下任务：

1.利用塑料瓶、泡沫箱、家装废弃物等，通过网络查询、向家长请假等方式，完成种植的改造。

2.选择土壤，并装入种植箱中。

3.选择合适的、应季的种子，播种，并记录好植物的生长过程。

国庆节假期归来后，学生们也有所获。有的学生带来了自己动手改造的种植箱，也有的学生直接购买了花盆。有的学生播下了种子，并发芽了；而有的学生，由于播种方式不当，管理不当，造成种子腐烂。

前期的准备，为本课程奠定了课程内容。本课的主要教学，由 2 个小组的学生来讲解和展示他们水培芽苗菜，土培花卉、应季蔬菜的种植种植过程。他们的分享过程从以下 4 个方面展开：

1.学生讲解、展示土培花卉、应季蔬菜和水培芽苗菜的过程。

2.学生实际动手播种花卉、应季蔬菜、芽苗菜。

3.展示种植箱，并观察，播种是否正确。

4.种植经历分享。

二、小组分享种植经历

（一）土培花卉、应季蔬菜的小组分享：

劳动创造美，那么首先要种植的植株是百合花。讲解和展示流程如下：

选种球——准备种植箱——土壤装箱——播种——植株管理。（图 3-3-8、图 3-3-9、图 3-3-10、图 3-3-11、图 3-3-12、图 3-3-13）

除了花儿能美化生活环境，其他绿叶植物在净化空气等方面也非常出色。除了土培花儿，该小组还播种了小白菜。讲解和展示流程如下：

种子的挑选——土壤的选择——施基肥和播种——追肥——浇水——成果展示。

种子挑选：小白菜在不同的季节播种，需要选择不同的品种，在冬季气温较低时，应选用耐寒，抽薹迟的品种，以提高产量。（图 3-3-14）

土壤选择：小白菜对于土壤要求不高，一般土壤即可。（图 3-3-15）

施基肥和播种：为了土壤养分种族，需要撒基肥：把复合肥均匀地撒在土壤的表面，并进行翻垦。然后将种子均匀地洒在土壤表面。并覆盖浅薄的土壤。（图 3-3-16）、（图 3-3-17）

图 3-3-8

百合花种球需要选择种球较大，外表饱满，充实，不干瘪的

图 3-3-9

班上学生动手动脑改造种植箱

图 3-3-10

种植百合花需要选择土壤深厚、肥沃、疏松、通气、透水性好的砂质土壤或者腐叶土

图 3-3-11

播种时，百合花种的芽向上，芽根向下，播种深度在 6~8cm，以促进百合花根系的生长和吸收土壤中的养分

图 3-3-12

种植完成后，就要立即浇水。后期管理时，每天可以适量浇水，并松土。

图 3-3-13

国庆节前播种的百合花种，测量高度为 25cm左右。现在，它以每天1cm 的速度生长。

图 3-3-14

图 3-3-15

图 3-3-16

图 3-3-17

图 3-3-18
播种大约 3 天后，小白菜就发芽了。这是播种 7 天后，种子的生长状态

追肥：在小白菜发芽后，在小白菜适量的复合肥，一般 6~7 天施肥一次，一共施肥 3~4 次。（图 3-3-18）

（二）水培芽苗菜的小组分享：

芽苗菜，是学生不熟悉的名字，但是如果称它为豆芽菜，那么学生就更容易理解芽苗菜的种植方式：和豆芽的种植方式类似，是利用植物种子，在黑暗或光照条件下直接生长出可供食用的嫩芽。

水培芽苗菜的过程如下：

将种子浸泡 8~12 小时，浸泡过的种子，更有利于发芽。（图 3-3-19）

将浸泡过的种子，均匀地撒在网盘里。同时避免让种子重叠，再在盘底装上适量的水，把网盘放在盘底上。同时，要注意不要把盘底的水触碰到网盘中的种子。（图 3-3-20）

用纸或者纱盖在种子上，这样有利于种子的保温和保湿，再用喷壶给种子喷水。最后，将种子置放于阴凉处。播种完成。（图 3-3-21）

日常管理：每天早上给底盘换清水。每天早中晚给芽苗菜喷水。（图 3-3-22）

两天后，种子出芽。（图3-3-23）

第四天，小苗长到了2cm左右。（图3-3-24）

第四天，底部根须也迅速增长。（图3-3-25）

第七天，芽苗菜生长地越来越茂密。（图3-3-26）

设计目的：

该活动一方面让学生能够分享自己的种植经验，同时也展示自己的劳动成果。劳动实践活动的主体是学生，学生在参与劳动实践活动的过程中，发现问题，总结问题，并将和大家一起分享。

图3-3-19

图3-3-20

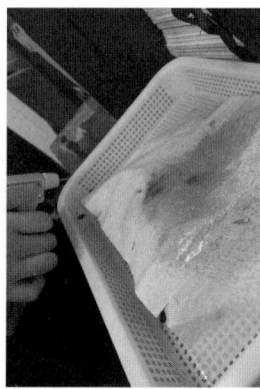
图3-3-21

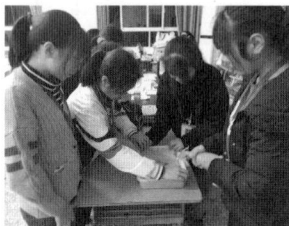
图3-3-22

图3-3-23

图3-3-24

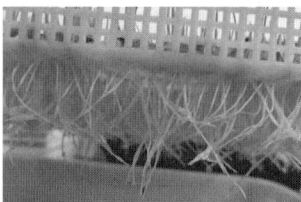
图3-3-25

图3-3-26

图3-3-27
种植失败的油葵芽苗菜

三、学生种植体验

前期，学生利用塑料瓶、泡沫箱等，改造了种植箱。那么，学生在种植箱内装上土，就可以播撒花种和蔬菜种子了。在种植的过程中，也要思考播种时候，要注意哪些细节才能保证出芽率和成活率。

设计目的：在该步骤，学生自己播种花卉种子和蔬菜，再后期进行自主管理并观察自己和其他同学的植株的生长状态。在实践的过程中，体会劳动带来的艰辛，在观察到植物发芽、生长过程中的惊喜。

教学板书：

绽放吧，房间的角落

土培——种植经历分享——百合花 / 小白菜——动手种植花卉和应季蔬菜
水培——种植经历分享——芽苗菜——动手播种芽苗菜

种植过程体验分享

教学反思：

前期选择植物种子、种植地的规划设计，逐步帮助学生体验把脑力劳动同体力劳动相结合的过程，让学生明白两者相结合的重要性。

通过植物种植，一方面，美化教室，绿化校园；另一方面，帮助学生掌握一些必要的劳动技巧，提升学生的实践能力。

在种植的实践过程中，感受美，创造美，提高审美水平，树立正确的审美观念，培养学生审美的人生态度，在尊重自然、珍惜生命中，幸福地生活成长。

种植过程不是一朝一夕就能完成的，更不是一时兴起，植物的生长是一个持续性的过程，这要求学生持续性地关注植物的生长状态，在持续的观察和记录中，培养学生的耐心；在实践的过程中，激发学生的创新能力和培养学生解决问题的能力。

教学评价：此教学设计，要求学生充分利用教室的有限空间及校园内的可利用区域，进行植物水培和土培。在实践的过程中，需要学生持续关注植物的生长状态，并对出现的问题进行探索和解决。学生的实践活动成功与否，首先，学生能否对种植区域，进行合理化和最优化；其次，学生是否能详细地记录劳动实践过程；最后，学生能否有效地呈现自己的劳动过程及个人收获。

04 社会服务篇

本校在开展综合实践课程中，也开展了一系列的社会服务。首先，在学校团委的引领下，我们筹建了志愿者团队，并制定了一个志愿者章程。在志愿者章程的指引下，我们开展了一系列的社会服务活动。

一、社区植树

本活动在指导老师叶正平带领下，走进社区，为社区植树造林，为他们带去一片阴凉。

首先，在老师的引领下，学生以上网、走访、咨询等方式了解一些相关的森林及植树的知识，比如，植树的时节，树木的品种，植树的方法，以及本地区哪些地方还需要植树。

其次，根据已了解的知识，制订合理的方案，确定负责人、时间、地点、栽种的品种、行走路线、安全保障、分工、标志、队歌等等，并向学校提交方案。

然后，在叶正平老师的带领与指导下，开始植树活动。在具体的植树活动中，老师四处巡视，发现栽种过程中出现的各种问题，及时给予纠正，以及知识的补充。学生在植树的过程中，既体验到了劳动的快乐，也获得了书本上不可能获得的知识。

最后，植树活动结束，学生回校，在老师的指导下，每个人完成一篇植树心得，小组负责把整个过程形成文字，完成报告，总结活动的意义。

二、"3·5"青年志愿者进社区

为响应党和国家"青春志愿行·建功'十四五'"的号召，打通中学团委发起"3•5"中国青年志愿者服务日活动。在团委书记的带领下，志愿者积极主动联系打通镇凤台庄，2021 年 3 月 3 日下午 2:50 学校党员教师、团员及入团积极分子、少先队员走进社区，美化校园周边环境，还街道、社区一个美丽的家园。

本次活动，社区与本校共 50 多名志愿参与。这次活动得到了打通镇凤台庄社区高度肯定，而且志愿者们纷纷表示：这次的活动让他们能感受到服务的快乐，懂得了劳动的意义，并希望多开展这样有意义的活动。

三、开学报名志愿者服务

打通中学团委志愿者服务队，是由打通中学团委学生会、少先队、团支部学生组成的。本服务队以"我为学校出力，哪里需要帮助，我们就去哪里"为口号，为全校老师出力。

2021 年 8 月 30 日、31 日是重庆市綦江区打通中学的开学报名日。新生们在小红帽的带领与帮助下，有序地报名，入住宿舍，并对新学校有了一个初步的认识。"小红帽"志愿者服务让家长们放心把孩子交给学校，让新生们感受到了打通中学这个大家庭的温暖。

四、心理咨询"绘画——向日葵"服务

为丰富校园文化生活，2022 年 4 月 13 日，在打通中学德育处心理咨询室开展了"绘画——向日葵"活动。为让活动顺利开展，校团委召集了一批艺术生志愿者参与服务。为参赛的同学准备颜料，调和颜料，传递纸张，维持秩序，等等，成为老师们的好帮手。

"绘画——向日葵"志愿者服务，得到了同学、老师们的一致好评，称赞这些志愿者为打通增添了道亮丽的风景。

总之，本校通过开展形式多样的社区服务活动，让学生走出教室，融入生活。让学生懂得劳动的快乐，更加珍惜劳动的成果；让学生在服务的过程中懂得协作，懂得团队的重要，同时也增强了学生的社会责任感，让他们富有爱心，学会自觉服务于社会。

又附：

志愿服务之志愿者活动章程

第一章　总　则

第一条　宗旨：坚持以习近平新时代中国特色社会主义思想为指导，引领广大会员紧密地团结在以习近平同志为核心的党中央周围，高举中国特色社会主义伟大旗帜，增强"四个意识"，坚定"四个自信"，做到"两个维护"，培养时代新人，培育时代新风，弘扬奉献、友爱、互助、进步的志愿精神，培养青年的社会责任与担当精神。

第二条　本志愿者服务团队由本校共青团直属管理。

第三条　本志愿服务团队属非营利性社会组织，是本校学生自愿结成的联合性团队。遵守宪法、法律、法规和国家政策，践行社会主义核心价值观，弘扬社会道德风尚。

第四条　坚持中国共产党的全面领导，在中国共青团带领下服务。

第五条　接受学校及社区的指导和监督管理。在校团委的具体指导下开展日常工作。

第二章　业务范围

第六条　业务范围：服务学校，服务周边社区所能及的志愿服务。

第三章　组织机构和负责人产生、罢免

第七条　本制度最高权力机构是学校共青团代表大会，会员代表大会行使下列职责：

（一）制定和修改章程；

（二）决定本会终止事宜；

（三）决定其他重大事宜。

第四章　资产管理、使用原则

第八条　本会经费来源：学校团委资金、学校经费拨款支持。

第九条　开展评比表彰等活动，不收取费用。

第十条　本会经费必须用于本章程规定的业务范围和事业的发展，不得在志愿者中分配。

第十一条　本会建立严格的财务管理制度，保证会计资料合法、真实、准确、完整。

第五章　章程的修改程序

第十二条　本会章程的修改，须经共青团代表大会审议。

第十三条　本会修改的章程，须在会员代表大会通过后 15 日内，经党总支审查同意，并报团委登记管理核准后生效。

第六章　附　则

第十四条　最终的解释权属学校共青团。

中国共产主义青年团

打通中学委员会

编后语

笃行不倦　博学致远

《礼记·儒行》有言：儒有博学而不穷，笃行而不倦。历时五年，在本校师生的共同努力下，最后以《乡村学校综合实践活动课程实施范例》呈现在读者的面前。这将作为本校自主开发的校本课程的校本教材使用。在使用的过程中，我们将继续本着"博学笃行"的精神，躬身实践，不断探索，不断完善。

在本书汇编的过程中，我们力求避免枯燥的理论讲解，采用图文结合的方式，使本书具有可读性、可操作性的特点。期望能够给同类学校的管理者及一线教师提供可操作的参考。

本书在汇编的过程中，由于时间的跨度大，在一些概念上有些模糊，这里略做阐释：本校的"农村普通高中研究性学习实践模式的研究"课题开题不久，2017 年版教育部《中小学综合实践活动课程指导纲要》（以下简称《纲要》）中，综合实践活动课程中已移除了"研究性学习"这个词。但《纲要》中仍阐述"综合实践活动课程的主要方式有考察探究、设计制作、职业体验、社会服务，因此本书的"考察探究"中，仍将"野外考察、社会调查、研学旅行，设计制作"等归为"研究性学习"的范畴。

由于编辑时间跨度大，内容丰富，编写人员的能力与精力有限，本书存在诸多的不足与遗憾，欢迎广大读者朋友批评指正。

《乡村学校综合实践活动课程实施范例》编委会
2022 年 8 月 28 日